O. 1348

MÉMOIRES
DE LA CAMPAGNE
DES DÉCOUVERTES
DANS LES MERS DE L'INDE,

Par M. le Ch^{er}. GRENIER, Enseigne de Vaisseau, & de l'Académie Royale de Marine;

Où il propose une Route qui abrege de huit cens lieues la traversée de l'Isle-de-France à la Côte de Coromandel & en Chine.

A BREST,

Chez R. MALASSIS, Imprimeur ordinaire du Roi & de la Marine.

M DCC. LXXII.

AVERTISSEMENT.

DANS mon premier Mémoire je crois donner des idées neuves fur les Courans des Mers de l'Inde. Dans le fecond je fais des corrections à la **Carte** de **M.** d'Après. Je dois fans doute au mérite de ce fameux Hydrographe de prévenir le **Public** que, fi je change les pofitions des lieux qu'il a tracées fur fa **Carte**, c'eft que dans un travail auffi immenfe & auffi ingrat, il n'a dû voir fouvent que par les yeux d'autrui, & que fon opinion a pu fe reffentir de cette marche incertaine, quoique néceffaire. **Comme** on ne fauroit être affuré que des pofitions déterminées par des **Obfervations Aftronomiques**, & que j'ai été forcé par les circonftances de me livrer auffi à des combinaifons dans la **Carte** que j'ai dreffée de l'**Archipel** de l'Inde, j'engage le **Navigateur** à avoir égard à mon opinion, & à ne jamais perdre de vue le précieux **Ouvrage** de **M.** d'Après.

Il eft bon d'avertir auffi le **Lecteur**, qu'il ne peut guere fe difpenfer d'avoir ma **Carte** fous les yeux pour l'intelligence de mes **Mémoires**.

 AVERTISSEMENT.

Des affertions hafardées contre la nouvelle Route que je propofe, ayant été adreffées au Miniftre comme des objections péremptoires, il étoit important d'approfondir les raifons de part & d'autre. L'Académie Royale de Marine, M. d'Après, & l'Académie des Sciences ont été confultés. Leurs décifions me flattent trop pour négliger d'en faire ufage, & en conféquence on trouvera leurs Rapports imprimés à la fuite de mes Obfervations.

EXTRAIT

Des Regiſtres de l'Académie Royale de Marine, du treize Septembre mil ſept cent ſoixante-dix.

NOUS Commiſſaires nommés par l'Académie, avons examiné deux Mémoires de M. le Ch. GRENIER; l'un contenant le projet d'une Route nouvelle pour aller de l'Iſle-de-France à la Côte de Coromandel, & l'autre des Remarques qui menent à une explication des cauſes des Courans qui regnent dans les Mers de l'Inde.

PREMIER MÉMOIRE.

LES Obſervations de M. Grenier ſur les Vents généraux & particuliers qui ſoufflent dans les mers de l'Inde ; ſon attention à diriger la Route qu'il propoſe, de maniere à éviter tous les Ecueils, & à la rendre praticable dans toutes les ſaiſons ; les ſoins qu'il a pris de combiner cette Route avec celles des Navigateurs qui ont déja parcouru en partie ces mers, ne nous ont point paru laiſſer d'objection à faire contre ſon projet. La Route que propoſe M. Grenier, a le double avantage d'être praticable dans toutes les ſaiſons, & d'abréger conſidérablement les Traverſées de l'Iſle-de-France aux Indes. M. Grenier regrette, avec raiſon, qu'on ne ſe ſoit pas occupé, autant qu'on l'auroit dû, du ſoin de perfectionner les Cartes de cette partie du monde, & ſouhaiteroit qu'on déterminât avec préciſion les poſitions des Iſles & Ecueils qu'on y rencontre. Ce Mémoire nous a paru, tant par l'importance de ſon objet, que par l'exactitude du travail de M. Grenier, mériter l'approbation de l'Académie.

SECOND MÉMOIRE.

CE Mémoire offre, ſous le titre de *Réflexions & Obſervations ſur les Vents & Courans des Mers de l'Inde*, un nouveau ſyſtême fondé ſur les propres expériences de M. Grenier, & ſur un grand nombre d'autres choiſies dans les Journaux des Navigateurs, qui lui ont paru mériter quelque attention. « Les Vents généraux, dit M. le Ch. Grenier,
» lorſque la Mouſſon de l'Oueſt eſt dans le Nord de l'Equateur, regnent
» au Sud-Eſt dans les Parages où rien ne s'oppoſe à leurs cours ; ils

» prennent une nouvelle direction chaque fois qu'ils rençontrent un
» nouvel obſtacle. Ils ſuivent en cela la loi du choc des corps. » De là
il paſſe au développement du ſyſtême, compare avec art la direction
des Vents au giſſement des terres, ſuit pas à pas la marche des Vents &
des Courans dont il démontre le rapport conſtant : il donne en même
tems une explication phyſique de l'Etat de l'Athmoſphere dans les mers
de l'Inde ; &, après avoir parcouru ſucceſſivement les Côtes, en déduit
la maſſe de ſon ſyſtême, par le moyen duquel il a dreſſé une Carte de la
direction de ces Courans.

Quoique de telles combinaiſons, ſur un ſujet auſſi ſuſceptible d'incertitude & de variation, ne ſemblent pas être ſuffiſantes pour déterminer
complétement une théorie, il nous a paru cependant que la maniere
ingénieuſe & réfléchie avec laquelle M. Grenier l'a enviſagée, & le
nombre de preuves qu'il a ſçu employer à propos, pour faire valoir un
ſyſtême qui d'ailleurs ne contredit pas les idées d'un de nos plus grands
Naturaliſtes * ; il nous a paru, dis-je, que les travaux de M. Grenier
méritoient l'approbation & les éloges de l'Académie, & que ſon Mémoire & la Carte des Courans qui y eſt jointe, ſont dignes d'être
rendus publics.

* M. de Buffon, *tom. II, art. XIII.* des inégalités du fond de la mer & des Courans.
Edition de 1769.

Fait à Breſt, le 15 Septembre 1770. *Signés*, DE SAULX-ROSNÉVET
& DE CHARNIERES, PETIT, *Secrétaire de l'Académie Royale de Marine.*

EXTRAIT

D'UNE Lettre du Miniſtre de la Marine à M. le Ch. Grenier.

LE ROI trouve bon, Monſieur, que vous faſſiez imprimer à la ſuite
de votre Mémoire, le Rapport de l'Académie des Sciences de Paris,
& celui de l'Académie Royale de Marine à Breſt, au ſujet de vos Découvertes dans les Mers de l'Inde. Je ſuis bien aiſe que ces Rapports confir-
ment l'opinion que j'avois de vos talens, & de votre exactitude dans
les opérations dont vous avez été chargé.

A Compiegne, le 2 Août 1771. DE BOYNES.

MÉMOIRES

MÉMOIRES

DE LA CAMPAGNE DES DÉCOUVERTES

DU CHEVALIER GRENIER

DANS LES MERS DE L'INDE,

Où il propose une Route qui abrege de huit cens lieues la traversée de l'Isle-de-France à la Côte de Coromandel & en Chine.

INTRODUCTION.

N 1767 je fus nommé pour commander la Corvette du Roi *l'Heure-du-Berger.* Par le Mémoire du Roi, qui devoit me servir d'instruction, j'étois destiné au service des Isles de France & de Bourbon. Cette navigation, quelque satisfaisante qu'elle soit, ne m'offroit qu'une carriere fort limitée, & peu propre à satisfaire ma curiosité & à m'instruire par moi-même de l'état des Mers

A

de l'Inde. En conséquence j'eus l'honneur de demander au Ministre l'agrément de faire des Observations, & même des Découvertes dans ces Mers, lorsque je ne serois point absolument utile au service des deux Isles.

Je demandai en même tems que M. l'Abbé Rochon fût embarqué avec moi, pour faire les Observations Astronomiques.

Je demandai enfin un Dessinateur hydrographe, &c. & tout me fut accordé, ainsi qu'on va le voir par la Lettre du Ministre, dont voici l'extrait.

A Fontainebleau, le 13 Octobre 1767.

» Sur le compte, Monsieur, que j'ai rendu au Roi de vos
» représentations, relativement à la Mission dont vous êtes
» chargé, l'intention de Sa Majesté est, que vous embarquiez
» sur votre Bâtiment M. l'Abbé Rochon, & que vous vous
» occupiez, conjointement avec lui, à faire des Observations
» sur la Navigation, & même des Découvertes, lorsque le
» Bâtiment ne sera point employé au service des deux Isles. Je
» joins ici vos instructions.

» Je donne à M. Choquet, Ordonnateur au Port-Louis, les
» ordres nécessaires pour . . . .

» La Compagnie des Indes vous fera fournir le . . . .

» Il vous sera fourni à l'Isle-de-France le Dessinateur que vous
» me demandez; je donne en conséquence les ordres nécessai-
» res à MM. Dumas & Poivre par ma dépêche ci-jointe, &c. »

Signé, DUC DE PRASLIN.

Jusques-là je n'avois fixé aucun projet; & quoique sur les Mémoires de M. d'Après j'eusse jugé qu'une pareille Mission m'ouvroit une carriere immense, je voulus en être plus particuliérement instruit par lui-même. Etant au Port-Louis, j'eus l'honneur de lui écrire, & il me répondit la Lettre ci-après.

MONSIEUR,

» J'ai reçu la lettre que vous m'avez fait l'honneur de m'écri-
» re. Je suis bien mortifié que la proximité de votre départ ne
» me permette pas de vous donner les éclaircissemens que j'au-
» rois pu touchant le projet de votre Voyage, au succès duquel
» je m'intéresse d'autant mieux, qu'il nous procurera plusieurs
» connoissances importantes à la Navigation des Mers orienta-
» les. Tout ce que j'ai pu faire, a été de vous tracer sur une
» Carte générale des Indes, que je vous envoie, d'y tracer,
» dis-je, en couleur jaune les endroits sur lesquels nous n'avons
» que des connoissances imparfaites, pour les distinguer des
» autres que nous avons reconnus. Je pense que cela pourra
» vous aider, &c. ».

Signé, D'APRÈS DE MANNEVILLETTE.

Je ne m'en tins pas à ce rapport, & je raisonnai avec tous les Marins instruits de la Navigation de l'Inde, afin de me familiariser de bonne heure à la connoissance des vents particuliers à ces régions, & aux routes qui y sont usitées dans toutes les saisons. Plus je cherchois à m'instruire, plus j'appercevois de choses ignorées. Sur la conviction que j'eus enfin que personne n'avoit tenté d'éclairer ces Mers, à cause des dangers qu'on envisageoit, & assuré d'ailleurs des avantages qu'y a mis la nature dans la disposition & la variation des vents qui y regnent, je me fis un plan de recherches ; ce fut de trouver une route abrégée & constante pour aller de l'Isle-de-France aux Indes, & de me livrer à tous les événemens, en faisant marcher ensemble la hardiesse & la prudence.

Mon armement étant achevé, je reçus ordre du Ministre de partir sans attendre M. l'Abbé Rochon. En arrivant à l'Isle-de-France, je fis part de mon projet à MM. Dumas & Poivre, en leur remettant les dépêches du Ministre.

Lorsque M. l'Abbé Rochon arriva à l'Isle-de-France, je sollicitai MM. les Commandans de nous employer à la recherche de la route abrégée que je leur avois propofée. J'ofe dire même que je perfiftai plufieurs jours à repréfenter à M. Dumas, que le but de cette Campagne étoit infiniment préférable à celui de la Côte de l'Eft de Madagafcar, où il vouloit m'envoyer, & que je le fis avec une forte d'importunité, parce que mes raifons étoient fondées fur un principe d'humanité, & qu'en pareil cas l'Autorité ne peut fe formalifer des repréfentations honnêtes & refpectueufes ; mais cette conduite ayant des bornes, j'obéis en exécurant la miffion de Madagafcar.

A mon retour de Madagafcar, M. de Stheineiver avoit remplacé M. Dumas. Je lui fis part du projet que j'avois conçu depuis mon départ de France, & des difficultés que j'avois éprouvées ; il leva tout obftacle, ainfi que M. Poivre, en me deftinant à l'exécution de ce projet.

Avant d'entreprendre cette Campagne, j'avois tracé fur une Carte des Mers de l'Inde, que j'avois dreffée exprès, toutes les routes que j'avois pu raffembler des Bâtimens qui avoient navigué dans divers points de l'Archipel, compris entre l'Ifle-de-France & la Ligne équinoxiale.

Sur cette Carte je fis voir à MM. les Commandans la poffibilité d'effectuer mes idées, & ils y conformerent leurs inftructions, dont voici un extrait.

INSTRUCTIONS.

» Suivant la Lettre du Miniftre, datée de Fontainebleau du 10
» Octobre 1767, l'intention du Roi eft, que la Corvette *l'Heure-*
» *du-Berger* tienne la mer pour faire des obfervations fur la Na-
» vigation, & même des découvertes, lorfque ce Bâtiment ne
» fera pas jugé néceffaire au fervice immédiat de ces Colonies.

» En conféquence nous avons jugé convenable d'employer
» cette année le Sieur Chevalier Grenier, commandant ladite
» Corvette, à parcourir les mers qui nous féparent des Ifles
» Maldives & de Ceylan, d'en reconnoître les écueils & Ifles ;
» de chercher la route la plus directe, par conféquent la plus
» courte, pour aller de l'Ifle-de-France à la Côte de Coro-
» mandel dans toutes les faifons, &c. ».

Sur cet extrait il eſt aiſé de voir que je n'avois propoſé que des idées vagues ; mais voici comment elles ſe fixerent.

La veille de mon départ de l'Iſle-de-France pour faire cette Campagne, M. de Saint-Hilaire, Capitaine des Vaiſſeaux de la Compagnie, me donna une carte ſur laquelle étoit tracée la route d'un Navigateur nommé Picault, qui avoit été envoyé en 1744 par M. de la Bourdonnais pour reconnoître les Iſles des Sept-Freres, leſquelles ont été nommées depuis Iſles-Mahé, & enſuite Iſles-Séchelles. Je traçai ſur ma Carte la route de ce Navigateur, & je vis qu'il avoit parcouru la parallele des cinq degrés l'eſpace de quatre cens lieues de l'Eſt à l'Oueſt juſqu'aux Iſles-Séchelles. C'eſt alors que mon incertitude fut diſſipée, & que je jugeai que, ſi cette parallele étoit auſſi nette juſques par les 87 à 88° de longitude orientale de Paris, je rendrois un ſervice important à la Navigation, en propoſant de faire le Nord juſqu'à cette parallele, de la ſuivre, & de la quitter lorſqu'on ſeroit aſſez avancé en longitude pour aller prendre connoiſſance de la pointe d'Achem.

Avec les vents généraux il me paroiſſoit facile de ſe rendre en peu de tems au cinquieme degré de latitude Sud ; & avec les vents d'Oueſt, qui regnent au Sud de la Ligne depuis le mois d'Octobre juſqu'en Avril, de ſuivre la parallele des cinq degrés en ſinglant à l'Eſt.

Je fis part de mon idée à M. Poivre, qui la trouva bonne ; parce que je lui fis voir que cette route étoit plus courte de ſept à huit cens lieues, que celle qui eſt uſitée dans cette ſaiſon.

Dès ce moment il m'engagea à m'attacher particuliérement à cette parallele ; mais je partois au mois de Mai, & la ſaiſon des vents d'Eſt regne au Sud de la Ligne depuis le mois d'Avril juſqu'en Octobre : je ne pouvois donc courir à l'Eſt, & ſuivre cette parallele immédiatement après mon départ de l'Iſle-de-France. Je me décidai en conſéquence à me rendre à Pondichery le plutôt poſſible, & à m'élever enſuite à l'Eſt à la faveur des vents de Sud-Oueſt, qui regnoient alors dans le Nord de la Ligne. C'eſt ce que j'ai fait, & j'ai parcouru la parallele de 5° depuis les 87° juſqu'aux 71° ſur les Obſervations Aftronomiques de M. l'Abbé Rochon. Comme cette Route paffe par deffus celle de M. Picault, qui avoit fuivi cette parallele jufqu'à Séchelles , & que ni lui ni moi n'avons rencontré aucune efpece de danger, je me fais un devoir de faire part au public de ma Découverte ; & , comme Membre du Corps de la Marine du Roi, de ne pas laiffer ignorer que, fi cette Route eft un jour ufitée, c'eft moi qui ai eu l'avantage d'en avoir propofé l'idée & de l'avoir exécutée. Au refte, voici un Extrait des Lettres de MM. Defroches & Poivre, Commandans à l'Ifle-de-France, lorfque j'en fuis parti, qui fera connoître ce qu'ils penfent de mon travail, par le rapport qu'ils en ont fait au Miniftre.

Extrait de la Lettre de M. DESROCHES.

MONSEIGNEUR,

» Je m'en rapporte à M. le Chevalier Grenier, de vous
» rendre un compte détaillé de ce qui concerne les Ifles Prâlin ,
» Séchelles , &c. & en général de toute fa Navigation. Ses
» Découvertes & fes Opérations ferviront déformais de guide
» aux Navigateurs , particuliérement pour aller de nos Ifles à
» la Côte Coromandel & dans le Gange, & également pour
» en revenir.

» Ce qui a tranfpiré ici de fon travail, a été reçu avec une
» fatisfaaction & un applaudiffement unanimes. Il m'a remis fes
» Plans & fes Mémoires , & je ne tarderai pas à m'en fervir :
» mais avant fon départ je n'en ai communiqué avec perfonne ,
» afin qu'il ait, Monfeigneur, la fatisfaction de vous en faire
» le premier hommage. ».

Signé, LE CH^{er}. DESROCHES.

Extrait de la Lettre de M. POIVRE.

MONSEIGNEUR,

» Monfieur le Chevalier Grenier a reconnu une partie de
» l'Archipel fitué au Nord de nos Ifles, entre nous & les
» Maldives ; par fa Découverte il nous a frayé la Route pour

» aller de l'Ifle-de-France à la Côte Coromandel en toutes les
» faifons. La Navigation ordinaire d'ici aux Indes dans la belle
» Mouffon, qui commence en Mai & finit en Septembre, eft
» devenue plus courte depuis les Découvertes de M. de Gre-
» nier; & dans la Mouffon, qui commence en Septembre ou
» Octobre, il n'eft plus queftion, pour aller de l'Ifle-de-France
» à Pondichery, de prendre la grande Route en courant d'abord
» dans le Sud, pour s'élever enfuite dans l'Eft, & retomber de
» la Pointe d'Achem à la Côte de Coromandel. Cette Navi-
» gation fatiguante qui étoit au moins de trois mois, a été
» encore abrégée par l'expérience de M. le Chevalier Grenier,
» qui a prouvé que la Route par le Nord étoit fans inconvé-
» nient, auffi affurée, & plus courte d'un mois.

» Voilà, Monfeigneur, un fervice important rendu à nos
» Colonies, dont je me fais un devoir de vous rendre compte.
» Il eût été heureux pour ces Colonies, que M. le Chevalier
» Grenier eût pu achever les Découvertes qui reftent à faire
» dans ce même Archipel, qu'il a reconnu le *premier*, avec tant
» de courage & d'intelligence, &c. ».

Signé, POIVRE.

PREMIER MÉMOIRE.

RÉFLEXIONS

ET OBSERVATIONS

Sur les Vents & Courans des Mers de l'Inde.

LES Philosophes, qui ont écrit sur les Courans, ne s'accordent pas dans leurs principes ; chacun d'eux paroît néanmoins démontrer les causes du flux & reflux. Laquelle des hypotheses reçues doit-on préférer, de celle de Descartes, ou de Newton ? Celle de Newton sans doute, puisqu'elle prévaut aujourd'hui , que son systême s'accorde avec les plus sûres Observations Astronomiques, & qu'il est assujetti au calcul de la plus sublime Géométrie. Mais ce systême qui démontre évidemment les causes du flux & reflux périodiques par l'action combinée du Soleil & de la Lune, peut-il expliquer par quelle raison les Mers de l'Inde ont un cours suivi pendant six mois vers l'Orient, & pendant six autres vers l'Occident , ainsi que le prouve l'expérience ? C'est ce que Newton même eût peut-être attribué à des causes particulieres, telles qu'à la situation des terres, aux tems orageux annexés à certaines côtes, en certain tems de l'année , aux débordemens des Fleuves, des Rivieres, à la direction de leur cours , & peut-être encore au lieu du Soleil dans la Zone torride, puisque la révolution des Vents & celle des Courans de ces Mers suivent de fort près le moment des Equinoxes. Je me bornerai donc à la seule expérience , en offrant mes Observations & mes conjectures sur cet espece de phénomene.

Etant

Etant parti le 13 de Décembre 1768 , de Mananzari à l'Ifle de Madagafcar , j'eus des Vents de N. E. & de N. N. E. qui me permirent de faire une cinquantaine de lieues à l'Eft. S'ils euffent continué encore deux jours , j'avois efpérance d'arriver à l'Ifle de Bourbon au bout de cinq jours de traverfée ; mais les Vents ayant paffé à l'E. N. E. je fus forcé de porter au S. E. jufques par les 23° 45′ Sud. Comme ils vinrent enfuite à l'E. S. E. je repris la bordée du N. E. & le dixieme jour je mouillai dans la Rade de Saint-Paul de l'Ifle de Bourbon.

Pendant plufieurs jours nos différences en latitude avoient été Sud , puis elles furent Nord , & fe fuivirent affez régulierement , comme elles l'avoient fait au Sud. Je conjecturai de-là une révolution dans les Courans qui pouvoit donner tantôt des différences Eft , & tantôt des différences Oueft en longitude ; j'ajoutai enfemble les différences Sud ; j'en fis autant des différences Nord ; je comparai les fommes ; elles s'annullerent par leurs égalités : & notre longitude & celle du relevement fe font trouvées exactement les mêmes.

Cherchant à prendre connoiffance de la force & de la direction des Courans qui regnent conftamment dans les paralleles des Vents généraux , je queftionnai à Bourbon toutes les perfonnes qui pouvoient me la donner. Tous les Marins qui font la Navigation de Bourbon à l'Ifle-de-France , s'accorderent à me dire qu'ils attendoient (quand ils le pouvoient) les changemens de quartiers de Lune , parce qu'il y avoit quelquefois des Vents du Sud à l'Oueft , & que les Courans dans ces révolutions portoient à l'Eft. Je ne tardai pas à juftifier cette Obfervation. Ce même Voyage étant parti de Saint-Paul le 8 Janvier , à huit heures du foir , avec des Vents variables du Sud à l'Oueft , je fus mouiller dans le Port-Louis de l'Ifle-de-France le 11 à deux heures après midi.

Le 15 d'Avril de cette année (1769) je fuis parti de Bourbon pour l'Ifle-de-France fans attendre cette révolution. J'ai eu quinze jours de traverfée : mais ayant eu alternativement des différences Nord & des différences Sud , & la fomme des différences Nord ayant été plus forte de 51′ que celle des

B

différences Sud , je me fuis trouvé plus Eſt d'un degré 33′ à mon atterrage à l'Iſle-de-France.

Il eſt donc vraiſemblable que , lorſque les différences font Nord après qu'il a regné des Vents de S. O. les différences en longitude font à l'Eſt. C'eſt ce qu'un plus grand nombre d'Obſervations peut confirmer ou détruire.

Depuis notre départ de l'Iſle-de-France juſqu'à Séchelles , nos latitudes obſervées de chaque jour nous ont prouvé que les Courans portent Nord ; mais la difficulté eſt de ſavoir s'ils portent vers l'Eſt ou vers l'Oueſt. Les épreuves que j'ai faites à cet égard , & dont je viens de parler , peuvent très-bien avoir lieu dans les circonſtances que j'ai déduites , & ſur les paralleles compriſes entre les 16 & les 24 degrés. Il ſe peut faire auſſi que ces Obſervations ne ſoient d'aucune utilité dans les latitudes plus hautes que les 24 degrés , & dans celles qui font plus rapprochées de la Ligne que les 16 degrés ; parce que , ſi elles dépendent de cauſes particulieres , elles peuvent être détruites par d'autres cauſes particulieres ; d'un côté , par la direction des canaux que forment entr'eux les dangers & les Iſles de l'Archipel , compris entre le 17ᵉ degré & la Ligne ; de l'autre , par l'eſpace immenſe que les Mers ont à parcourir ſans interruption ſenſible au delà des 24°. Il ne ſeroit donc point étonnant que les Courans de l'Archipel euſſent à chaque parallele une direction différente.

A notre atterrage à Séchelles , nous étions de 2° 28′ plus Oueſt que notre eſtime ; les Courans de l'Archipel nous por-tant au Nord , nous portoient donc auſſi à l'Oueſt. J'aurois peut-être attribué cette grande différence à ce défaut de préciſion , ſi après avoir tracé ſur la Carte les Routes de divers Bâtimens qui ont atterré au même endroit que nous , je ne m'étois apperçu qu'ils ont été ſujets aux mêmes différences , les uns plus , & les autres moins. Cette erreur vient donc de la force & de la direction des Courans. Mais quelle eſt cette force & cette direction , & comment décider la queſtion , de façon qu'elle puiſſe être utile aux Vaiſſeaux qui ont à ſuivre les mêmes Routes ? En réduiſant ces différences à l'Oueſt , il ſeroit dans les regles de fixer un certain nombre de lieues ou de minutes par vingt-quatre heures ; mais l'expérience démontre que cela induiroit à erreur. Car M. Marion, commandant *la Diligente* en 1757, au mois de Septembre, a eu en six jours de traversée une différence au moins d'un degré 45 minutes ; la nôtre, en quinze jours de tems, a été de 2° 28′. Si la proportion étoit constante, & qu'elle suivît les jours, la différence qu'a eu M. Marion, comparée à la nôtre, n'eût été que dix-huit à vingt lieues.

La Digue, partie pour les Isles-Séchelles au mois de Septembre 1768, a été vingt-trois jours à s'y rendre ; elle a eu à son atterrage de différence Ouest 2° (*a*). Mais *le Petit-Choiseul*, la même année, étant parti de Bourbon pour Pondichery le 13 Août, a eu de différence à la sonde du Banc de l'Isle-Séchelles, après sept jours de traversée, trente-sept lieues & deux tiers. La proportion n'étant pas plus exacte dans ces deux dernieres Routes que dans celle de M. Marion & la nôtre, il est probable qu'on s'exposeroit à commettre une erreur en fixant un certain nombre de lieues ou de minutes à l'Ouest par vingt-quatre heures.

Ne seroit-il pas plus exact, quoique moins vraisemblable, d'ajouter à l'Ouest un certain nombre de lieues ou de minutes qui fût proportionnel à la saison & au chemin de chaque jour. Cette proportion qui choque la Physique, s'accorde cependant bien avec les différences comparées ensemble. En donnant à l'Ouest un cinquieme du chemin que nous avons fait chaque jour, notre point d'arrivée & la longitude observée à Séchelles, par M. l'Abbé Rochon, s'accordent à merveille. En donnant un sixieme à l'Ouest au chemin de chaque jour à la Route qu'a fait M. Marion, son point d'atterrage sur le banc de Séchelles

----

(*a*) Il y a des Marins qui disent que leur différence est à l'Ouest, lorsque le Vaisseau est plus à l'Est que leur estime : mais je me sers d'une expression différente, & je dis alors que la différence en longitude est à l'Est, parce qu'elle doit être du côté du point connu où l'on arrive, de même que la différence en latitude est du côté de la hauteur observée.

où il a eu fond, s'accorde aussi bien que le nôtre à la longitude déterminée.

Si aux Routes de la *Digue* & du *Petit-Choiseul* on corrige le chemin en donnant à l'Ouest à peu près le sixieme du chemin de chaque jour, leurs points à l'atterrage s'accordent fort bien. Cette comparaison ne donne-t-elle pas un avantage décidé à cette méthode-ci ?

Mais, diront les Physiciens, un corps mis en mouvement ne peut acquérir qu'un certain degré de vîtesse qu'il conserve, quoique la force qui le lui a communiqué ne subsiste plus qu'en partie ? La Roue à balancier en est une preuve ; quand elle a acquis sa plus grande vîtesse, elle la conserve égale pour peu que la force qui la lui a communiquée subsiste. Ne peut-on pas repliquer à cela que cette vîtesse diminueroit certainement, si la cause qui emploie la force pour communiquer la vîtesse à un corps, au lieu d'aider la force à la maintenir, détruisoit cette vîtesse par gradation, comme elle détruit la force elle-même ? n'est-ce pas ce qu'on apperçoit aux Vents de Moussons qui regnent dans le Nord & dans le Sud de la Ligne équinoxiale ?

Quelle que soit la cause de ces Vents, il est certain qu'ils sont sujets à un changement, à une augmentation & à une diminution. Dans les renversemens des Moussons, les Vents qui succedent à d'autres, se déclarent d'une maniere orageuse ; néanmoins la Mousson fixée est ordinairement plus forte qu'à l'instant qui suit son début ; son terme achevé, elle est anéantie par la Mousson qui lui succede.

Le commencement, la durée & la chûte de chaque Mousson étant connus, ne peut-on pas conjecturer que les Courans qui suivent les mêmes Loix, soient sujets aux mêmes variations ? La fin d'une Mousson est toujours le moment de l'amortissement du cours qu'ont pris les eaux, puisqu'elles vont retrograder sur elles-mêmes. Or, dans les divers degrés d'une Mousson, si les Vents qui ont acquis une certaine force par gradation, viennent à la perdre ensuite, ne peut-on pas présumer que les Courans ont acquis aussi une certaine force, & la perdent de même par gradation ? Les exemples que j'ai cités, sont à l'appui de cette idée. Les Routes du mois de Septembre ont moins de différences que la nôtre au mois de Juin, où la Mouſſon eſt dans ſa force ; il en réſulte donc que la cauſe qui a augmenté la force du Vent, a auſſi augmenté la vîteſſe des Courans, & qu'en diminuant d'un côté cette force, elle a diminué de l'autre la vîteſſe. Au reſte ne peut-il pas ſe faire que cette cauſe ait une action momentanée comme celle qui cauſe le flux & le reflux, & que chaque fois qu'elle augmente la force du Vent, elle augmente auſſi la vîteſſe du Courant, ſoit par la preſſion que fait ſur les mers ce phénomene, ſoit par d'autres cauſes particulieres qui nous ſont inconnues (*b*) ? Sur ce principe, qui peut avoir lieu, & que l'expérience confirme tous les jours, je penſe que le moyen de correction que je propoſe peut être reçu ; puiſque la quantité de chemin dépend de la force du Vent, & que la vîteſſe du Courant ſuit les loix de cette force dans les exemples que j'ai cités. Mais comme les progrès & la chûte des Vents & des Courans de la Mouſſon ne ſont point calculés, je crois qu'on peut s'en rapporter à la comparaiſon que j'ai faite des deux ſaiſons, ayant ſeulement attention d'augmenter juſqu'au cinquieme, lorſque la Mouſſon augmente par gradation juſqu'à ſa plus grande force, & de diminuer juſqu'au ſixieme, & quelque choſe de moins, lorſqu'elle eſt

---

(*b*) L'action de la Lame ſur la Ligne de Lock, pouſſe la ligne au Vaiſſeau, autant que j'ai pu m'en appercevoir, d'un 80ᵉ. de la vîteſſe du Vent d'une belle mer, & du double d'une groſſe mer : alors je crois que le Lock peut être pouſſé au Vaiſſeau d'un ſixieme du chemin eſtimé dans un Bâtiment où on a les ris dans les huniers & de la mer de l'avant. Car l'idée qu'on a du Lock au plus près, où l'on croit qu'il faut diminuer du chemin eſtimé, n'eſt vrai qu'autant qu'on a un Lock trop court, & d'une belle mer ; c'eſt ce que j'ai toujours remarqué d'un beau temps : je ne crois pas que le Lock ſoit pouſſé de plus d'un quinzieme.

On peut toujours, en attendant, ſuivre cette remarque, & ajouter au chemin eſtimé au plus près un quinzieme dans un bon Voilier ; d'une très-belle mer un dixieme, ſi une des deux circonſtances manque ; & un ſixieme d'un gros tems.

Je n'ai pas prétendu parler des Courans particuliers, mais de l'eſtime générale du chemin : il y a même quelques Courans momentanés ; les uns qui ont rapport au Soleil & à la Lune ; d'autres dont l'origine eſt un coup de Vent à quelque éloignement, dont la hauteur des Lames ſert même alors d'indices. Tout cela a encore beſoin de quelques obſervations que je ferai, ſi j'en ai occaſion. *Remarques de M. DE GOIMPY, ſur le Pilotage, page 20, Abrégé de Pilotage de M. LE MONIER.*

à son dernier période. Si ce moyen n'est pas le meilleur, il est du moins prouvé qu'il n'expose pas aux mêmes erreurs.

Au reste, comme je n'étends pas mes idées au delà des bornes que l'expérience leur fixe, je crois devoir prévenir que ce que je propose, ne regarde que les Voyages des Isles de France & de Bourbon aux Isles-Séchelles pendant la Mousson de l'Est au Sud de la Ligne : car, pour le retour de l'Isle-Séchelles à ces Isles, en route directe, qui ne peut se faire que lorsque la Mousson de l'Ouest est au Sud de la ligne, il peut y avoir d'autres combinaisons que j'ignore ; j'ai remarqué seulement, en rapportant sur la Carte les Routes de *la Digue*, de la Goalette *le Saint-Benoît* & *du Cerf*, faites aux mois de Novembre & de Décembre, que les différences sont bien moins considérables dans le retour qu'en y allant.

Entre les Isles Séchelles, Prâlin, &c. les Courans rapportent au N. O. avec violence. Afin de ne pas manquer son atterrage à ces Isles, il faut le faire à l'Isle-aux-Frégates qui est le plus au Vent de toutes.

Depuis notre départ des Isles-Séchelles, nous avons éprouvé tous les jours des différences Nord, jusqu'à la proximité des Maldives où nos différences ont été Sud.

Les différences que nous avons eues avant que de rencontrer la Mousson de l'Ouest dans le Nord de la Ligne, nous avoient sans doute donné une différence Ouest en longitude, comme ci-devant : mais n'ayant eu aucunes différences à notre atterrage au Cap Comorin, il faut que les Courans nous aient rapportés à l'Est dans le Nord de la Ligne en même raison. On peut voir sur ma Carte à quelques Routes qui y sont tracées, que les Vaisseaux qui vont de l'Isle-de-France aux Indes, ont tous une différence à l'Est plus ou moins fortes à leur atterrage à la Côte de Malabar. La route de M. la Carriere fait voir qu'il a eu une différence Est de trente-cinq lieues à son atterrage à l'Isle de Seuhelipat, & qu'il en a eu une d'autant à l'Ouest, lorsqu'il a eu fond sur l'extrémité du banc de l'Isle-Séchelles.

Partant du Cap Comorin, afin d'éprouver les Courans qu'on dit entrer avec violence dans le Golphe de Manaar, je fis gouverner au S. E. $\frac{1}{4}$ E. au lieu de S. $\frac{1}{4}$ S. E. que font ordinairement les Vaiſſeaux de la Compagnie, dans la crainte de ces Courans. Je n'ai éprouvé aucune différence ſenſible; cependant par cette route j'étois bien plus expoſé qu'eux à les reſſentir.

A notre atterrage au Sud de Ceylan, dans l'eſpace de vingt-quatre heures, les Courans nous ont fait faire à l'Eſt vingt & une lieues au delà de notre eſtime.

En remontant le long de la Côte de l'Eſt de Ceylan, les Courans nous portoient ſenſiblement au Nord.

A notre atterrage à la Côte de Coromandel, vers Trinquebar, quoique nous euſſions le Cap au N. O. & que le giſſement de la Côte ſoit N. $\frac{1}{4}$ N. E. & S. $\frac{1}{4}$ S. O. je m'apperçus que les Courans nous entraînoient vers le Nord parallélement à cette Côte, & que nous n'en approchions pas : je fus obligé de faire mettre le Cap à l'O. N. O. pour gagner le mouillage. Delà juſqu'à Pondichery j'ai éprouvé les mêmes effets des Courans.

RETOUR DE PONDICHERY.

Depuis Pondichery juſqu'à vingt lieues au large, nous avons eu des différences Nord; depuis ce point juſqu'aux 5° 51′ de latitude Sud, les Courans nous ont donné des différences Sud. Selon une Obſervation de longitude faite par M. l'Abbé Rochon, le 7 Septembre, nous étions par la longitude vraie de 91° 30′, lorſque par notre eſtime notre longitude étoit de 84° 26′. Cette Obſervation prouve de quelle force ſont les Courans, & combien ils portent à l'Eſt dans la ſaiſon des Vents d'Oueſt.

Depuis la longitude de 88° 21′, ſelon l'Obſervation, & la latitude Sud 5° 15′, nous avons eu journellement des différences Nord.

Le 21 Septembre, M. l'Abbé Rochon ayant fait une Obſervation de longitude, nous nous ſommes trouvés par les 71° 11′, lorſque nous comptions être par les 74° 34′; ſelon cette Obſervation, les Courans nous avoient portés à l'Oueſt de 2° 53′ depuis quatorze jours. Il eſt donc prouvé par ces

Obſervations que les Courans ſuivent l'impulſion des Vents , &
qu'ils ont plus ou moins de force à proportion qu'ils ſont plus
rapprochés des terres , ou unis au cours de quelques fleuves :
cette conſidération m'a fait paſſer les bornes que je m'étois
preſcrites , & tracer , ſur une Carte des Mers de l'Inde , les
lignes de directions que doivent ſuivre les Courans de ces mers ,
lorſqu'elles ont reçu leur impulſion des Vents généraux , & que
la Mouſſon de l'Oueſt eſt dans le Nord de la Ligne. Cet eſſai
m'a fait voir non ſeulement la raiſon des calmes & des orages
qu'on éprouve à la Ligne , mais encore celle des variations
des Courans , donnant en latitude , tantôt des différences Nord
& tantôt des différences Sud , & en longitude des différences
Eſt & des différences Oueſt , ſelon les parages où l'on ſe
trouve. Il s'accorde très-bien auſſi avec les différences que nous
avons eues dans toutes les poſitions où nous avons été , & donne
raiſon des groſſes mers que nous avons trouvées par certaines
latitudes & longitudes. Il fait plus ; il fait voir comment il peut
ſe faire que les productions d'une Iſle ſoient tranſportées dans
une autre , & comment on pourra connoître dans la ſuite le lieu
où ſe trouvent d'autres productions intéreſſantes : voici en deux
mots ſur quoi eſt fondée cette Théorie des Courans.

ESSAI ſur la Théorie des Vents & des Courans dans

les Mers de l'Inde , lorſque la Mouſſon de l'Oueſt eſt

dans le Nord de la Ligne équinoxiale.

Les Vents généraux regnent au S. E. dans les parages où rien
ne s'oppoſe à leurs cours ; ils prennent une nouvelle direction
chaque fois qu'ils rencontrent un nouvel obſtacle. Ils ſuivent
en cela les loix du choc des corps.

A la Côte de Sumatra , ils prennent une direction plus rapprochée de l'Eſt , par l'oppoſition que fait cette Côte à leur premiere direction ; par les mêmes raiſons , ils ſont au S.O. & S.S.O.
dans le canal de Mozambique , à O. S. O. & à Oueſt en ſe
rapprochant de la Ligne , à O. N. O. dans le Nord de la Ligne ,

au

au N. O. dans la Mer rouge, & viennent jufqu'au Nord en fe rapprochant de la Côte de Malabar. En confultant la Carte, il eft aifé de voir que les changemens de directions qu'éprouvent les Vents généraux, font occafionnés par les divers reflets que donne la fituation des Côtes, & que ces différentes directions font néceffairement la caufe des gros Vents, des tems pluvieux & orageux qui regnent dans cette Mouffon à la Côte de Malabar : au mois de Juin où la Mouffon eft à fon *maximum*, les orages y font bien plus violens, ainfi que la force des Courans.

Ces Vents font au S. O. & à O. S. O. aux approches des Maldives, dans le Golphe du Bengale, & au Nord de la Ligne. Lorfque leur direction eft parallele à celle des Vents d'Eft qui regnent pendant ce tems au Sud de la Ligne, & qu'il y a entre eux un certain efpace, ils abforbent la matiere fluide qui s'y trouve. S'ils font rapprochés, les nuages qui s'attirent, font éprouver alternativement du calme & du vent très-variable ; mais fi les vents des deux Mouffons oppofées ne font pas exactement paralleles, les nuages qui font portés en fens contraires, venant à fe rencontrer, forment des orages s'ils fe réfiftent, & des grains de pluie s'ils fe confondent : c'eft ce qu'on éprouve ordinairement à la Ligne. Mais ces accidens arrivent plus fréquemment dans l'Eft des Maldives que dans l'Oueft, par la raifon que du côté de l'Oueft, les Vents de la Mouffon de l'Eft n'y font que les Vents généraux qui paffent au S. O. par gradation au Nord de la Ligne.

Au tems de cette Mouffon, les Courans du Golphe Perfique portent au Sud, ceux de la Mer rouge au S. E. & ceux-ci, joints aux premiers, viennent préfenter un obftacle au cours des Mers qui ont reçu leur premiere impulfion des Vents généraux. Cet obftacle doit néceffairement changer la direction des Courans dans cette partie, & les forcer d'aller vers le Sud & l'Eft. Il eft donc évident que c'eft la raifon des différences Sud qu'on éprouve à l'approche des Maldives.

Les eaux parvenues à ce point fe divifent néceffairement en deux parties, l'une paffe à l'Oueft des Maldives, l'autre à l'Eft ; mais celle-ci qui eft referrée entre les Lacquedives, les Maldives & la Côte de Malabar, acquiert une force confidérable proportionnée au refferrement de ce canal , jufqu'à ce qu'elle foit à l'ouverture que lui offre l'intervalle compris entre la partie du Sud des Maldives , & celle du Sud de l'Ifle de Ceylan : alors le Vent de S. O. qui regne dans ce parage , force une partie de ces eaux de prendre fon cours le long de la Côte de Ceylan , & de remonter dans le Nord. Toutes les autres parties doivent prendre une autre direction vers l'Eft plus ou moins rapprochée du Sud , & il doit y avoir de grands remoux de marées le long des Maldives à la rencontre des eaux qui ont paffé dans l'Oueft de ces Ifles, avec celles de l'Eft qui fe communiquent par les canaux que forment entr'eux les divers attoles.

Une partie des eaux qui débouchent du canal des Maldives , doit remonter dans le Golphe du Bengal , & occafionner des différences Nord ; c'eft ce qu'on éprouve aux approches des Côtes de l'Eft de Ceylan , & de la prefqu'Ifle de l'Inde. Mais le cours de ces Mers venant à rencontrer les eaux qui fortent du Gange , eft obligé de fuivre une nouvelle direction qui participe des deux premieres , & qui retrograde enfuite entre le Sud & l'Eft par la fituation de la Côte de Pegu qui lui préfente un nouvel obftacle. Voilà donc la caufe des différences Sud en latitude , & des différences Eft en longitude qu'on éprouve dans le Golphe du Bengal ; mais, lorfque ces mêmes Courans font parvenus fans difficultés dans le Sud de la Ligne à la faveur des Côtes de l'Eft de ce Golphe , ils font forcés de prendre une nouvelle direction , lorfqu'ils viennent à rencontrer les Mers fujettes à l'impulfion des Vents généraux ; & cette nouvelle direction doit néceffairement porter à l'Oueft & au Nord , & procurer des différences Nord en latitude , & des différences Oueft en longitude : c'eft ce que nous avons éprouvé.

La Mer doit être fort groffe dans les points où fe font les chocs des Courans ; par exemple, vers le milieu du Golphe du Bengal, vers le milieu du Golphe à l'Oueft de la prefqu'Ifle , & dans tous les endroits où le giffement des écueils ou des terres force ces Courans de prendre une direction contraire à l'impulfion générale , & les dirige enfuite vers cette même impulfion. Nous l'avons trouvée telle dans le milieu du Golphe du Bengal, aux approches de la Côte de Sumatra, & dans le canal formé par les Bancs de Nazareth & Saya de Malha. Le Vaiffeau de côte *l'Heureux*, arrivé à Pondichery pendant que nous y étions, revenant de Moka, a eu une partie de fa carguaifon avariée par la groffe Mer qu'il a rencontrée au milieu du Golphe à l'Oueft de la prefqu'Ifle. Cette Mer étoit fi clapotteufe, qu'elle montoit à bord de toute part fans qu'il y eût prefque de Vent. D'un coup d'œil on verra fur la Carte que j'ai dreffée, la poffibilité de tout ce que je viens de dire.

Il faut cependant remarquer que cette direction des eaux ne fauroit être permanente, & telle que je la fuppofe, fi elles n'avoient pas d'iffue, à caufe de l'impulfion conftante des Vents généraux & des maffes d'eau qui feroient fucceffivement tranf-portées dans le Golphe de l'Inde. Mais outre qu'une partie de ces eaux s'échappe par le détroit de Malaca, il eft encore de fait que, dès le mois de Septembre, les Courans reverfent au Sud fur la Côte de l'Eft de Madagafcar, ainfi que je l'ai éprouvé, & même fréquemment, dans les parages des Vents généraux (c) : ce qui a lieu fans doute, lorfque la quantité d'eau peut faire varier l'équilibre de la terre par fa pefanteur, & ce qui eft occafionné par la fituation du Soleil qui fe rapproche alors, & paffe fur l'Hémifphere méridionnal.

J'ai commencé par propofer un moyen de fixer la force des Courans de l'Archipel, j'ai fini par chercher leurs directions pendant la Mouffon de l'Oueft ; fi mes raifons paroiffent plaufibles, j'aurai rempli mon objet. J'ajouterai même que les cocos de mer qui font tranfportés aux Maldives pendant cette Mouffon, fervent de nouvelles preuves à mon fyftême.

(c) M. Marion, commandant la *Diligente* en 1757, allant de l'Ifle-de-France aux Indes, & étant encore dans les parages des Vents généraux, a eu plufieurs jours de fuite des différences Sud & jufqu'à 22′ dans les vingt-quatre heures.

SECOND MÉMOIRE.

DES CORRECTIONS
Faites fur la Carte de l'Archipel.

AVANT de rendre compte des Corrections que j'ai faites à la Carte de l'Archipel, au N. E. de Madagafcar, & au Sud de la Ligne, je vais répéter ici quelques-unes de mes Obfervations, parce que cela eft indifpenfable pour rendre ces corrections fenfibles.

Etant parti le 13 de Décembre 1768, de Mananzari à l'Ifle de Madagafcar, j'eus des Vents de N. E. & de N. N. E. qui me permirent de faire environ cinquante lieues à l'Eft, & s'ils euffent continué encore deux jours, j'avois efpérance d'arriver à Bourbon le cinquieme jour de traverfée; mais les Vents ayant paffé enfuite à l'E. N. E. ils me forcerent de courir au S. E. jufques par les 23° 45′ Sud; comme ils revinrent enfuite vers le S. E. je repris la bordée du Nord & de l'Eft, & le dixieme jour de mon départ, je mouillai à Saint-Paul de l'Ifle de Bourbon.

Pendant plufieurs jours nos différences en latitude avoient été Sud, puis elles furent Nord, & fe fuivirent affez régulierement jour par jour comme elles l'avoient fait au Sud; je conjecturai delà une révolution dans les Courans qui devoit donner tantôt des différences Eft, & tantôt des différences Oueft en longitude; j'ajoutai enfemble les différences Sud; j'en fis autant aux différences Nord; je comparai les fommes; elles s'annullerent par leurs égalités; & notre longitude & celle du relevement fe font trouvées exactement la même.

Cherchant à prendre connoiſſance de la force & de la direction des Courans qui regnent conſtamment dans les paralleles
des Vents généraux, arrivé à Bourbon, je queſtionnai les per-
ſonnes qui pouvoient me la donner. Tous les Marins s'accorderent à me dire qu'ils attendoient ordinairement les changemens de quartiers de Lune, parce qu'alors il y avoit quelquefois des Vents du Sud à l'Oueſt, & que les Courans dans cette
révolution des Vents portoient à l'Eſt : je ne tardai pas à
juſtifier cette Obſervation. Ce même voyage étant parti de
Saint-Paul le 8 Janvier, avec des Vents variables du Sud à
l'Oueſt, je fus mouiller le 11, à deux heures après midi, dans
le Port-Louis de l'Iſle-de-France.

Au mois d'Avril 1769, je ſuis parti de Bourbon pour l'Iſle-
de-France, j'ai eu quinze jours de traverſée ; mais ayant eu
alternativement des différences Nord, & des différences Sud,
la ſomme des différences Nord ayant été plus forte de 51'
que celle des différences Sud, j'ai eu une différence Eſt d'un
degré 33 minutes à mon atterrage à l'Iſle-de-France.

Le 30 de Mai, j'ai appareillé de l'Iſle-de-France pour exé-
cuter le projet de cette Campagne-ci ; avant mon départ les
Vents avoient regné pluſieurs jours entre le Sud & l'Oueſt, &
nous avons doublé l'Iſle-Plate avec ces mêmes Vents : j'étois
donc perſuadé que ſi nous avions des différences Nord en latitude, nous aurions auſſi des différences Eſt en longitude.

S A I N T - B R A N D O N.

Le 2 de Juin, au Soleil levant, nous avons eu connoiſſance
de Saint-Brandon. J'ai arrêté mon point à la vue de cet écueil
dont l'extrémité du Sud nous reſtoit à l'O.N.O. Ma longitude
eſtimée différoit à l'Oueſt d'un degré huit minutes de celle qu'a
fixée M. d'Après ſur ſes Cartes. Cette nouvelle épreuve confir-
moit mon Obſervation, puiſque nous aurions été tranſportés à
l'Eſt de la différence que nous avions ; mais il n'étoit guere
poſſible que dans l'eſpace de ſoixante heures, n'ayant eſtimé
que ſoixante-huit lieues & demie, nous euſſions une différence

auffi forte. J'ai donc cru néceffaire de prendre une moyenne proportionnelle entre ma longitude & celle de M. d'Après, & j'ai fixé la longitude de la partie du Oueft de Saint-Brandon à 57° 23′; c'eft-à-dire, 30′ plus Oueft que celle de M. d'Après, & 38′ plus Eft que mon eftime. J'ai cru cela plus certain, que de placer ce danger fur ma longitude eftimée, parce que je ne pouvois y compter fans m'expofer à commettre quelques erreurs, puifque la hauteur de chaque jour nous donnant des différences Nord, affuroit par cela feul une erreur dans l'eftime, à moins que les Courans n'euffent pris une nouvelle direction chaque fois que nos Routes avoient varié, foit par la dérive, foit par la pofition des Vents, foit enfin par la diminution des variations.

Je ne pouvois pas non plus fituer ce danger plus à l'Oueft que notre longitude, & fuppofer que les Courans nous y euffent portés de ce qu'on les évalue ordinairement, c'eft-à-dire, de quatre lieues en vingt-quatre heures, parce que cela nous auroit mis dix à douze lieues plus Oueft que notre eftime, & que l'erreur de la Carte de M. d'Après fe feroit trouvée encore plus grande : on en verra l'impoffibilité dans l'article qui fuit.

M. d'Après, dans une Lettre inftructive qu'il adreffe à M. Marion fon ami, dit :

» L'écueil Saint-Brandon, fitué au N. E. ¼ N. 3° Eft de
» l'Ifle-de-France, par 16° 38′ de latitude, a été reconnu par
» les Bateaux *le Charles* & *l'Elizabeth* en 1742 ; ils mouillerent
» du côté du Oueft, & y féjournerent cinq à fix jours. Le
» même banc avoit été vu en 1685, par la Flûte *le Prudent*,
» ainfi qu'il eft rapporté dans le Journal de M. Houffay. Il eft
» à remarquer que la route de ce dernier, depuis ce banc
» jufqu'à la vue de l'Ifle-de-France, eft précifément l'oppofée
» de celle des Bateaux *le Charles* & *l'Elizabeth* de l'Ifle-de-
» France à ce banc : ce qui juftifie fon exiftence.

Mais M. d'Après ne dit pas fi la Flûte & les Bateaux ont relevé les terres au même air de Vent, le premier en arrivant à l'Iſle-de-France, & les autres en la quittant. Il eſt même à remarquer que M. d'Après n'aſſure pas que cela juſtifie ſa poſition ; ſans doute parce que la raiſon qu'il donne pour prouver l'exiſtence de ce banc, eſt ſuſceptible d'une erreur à laquelle il n'a peut-être pas eu d'égard, faute de preuves ſuffiſantes. Il eſt d'ailleurs d'uſage dans la Navigation de regarder deux routes comme les mêmes, lorſque deux Bâtimens étant partis d'un point pour parvenir à un autre, ont ſuivi les mêmes airs de Vent ou leurs oppoſés, quoiqu'il arrive que par les Courans plus ou moins forts dans certain tems que dans d'autres, l'un atterre au vent & l'autre ſous le vent du même endroit. Ce qui fait 1°. que deux routes peuvent différer de huit à dix lieues, quoiqu'elles ſoient regardées comme les mêmes ; 2°. que l'erreur en pareil cas ne peut être tout au plus que de cette différence, & qu'il ſeroit abſurde de vouloir les comparer, ſi l'erreur alloit à trente lieues & même à vingt (d).

Je penſe donc que ces raiſons jointes aux épreuves que j'ai faites des Courans, & dont j'ai parlé en tête de ce Mémoire-ci, juſtifient le changement que j'ai fait à la ſituation de cet écueil, & font voir en même tems que M. d'Après ne s'eſt pas trompé au point que le feroit penſer ma longitude eſtimée.

Avant que de partir de l'Iſle-de-France, j'avois recueilli divers Plans des Iſles de l'Archipel, faits ſur une grande Echelle, parmi leſquels étoit celui de Saint-Brandon. Je crois que les originaux de ces Plans avoient été remis à M. Marion par M. d'Après.

Le danger que nous avons apperçu, eſt préciſément le même que retrace ce Plan; mais, en faiſant route au Nord, nous avons eu connoiſſance de ſix petites Iſles qui ſont fort baſſes, de peu d'étendue, & ſemblables à des bancs de ſable un peu élevés & couverts de broſſailles : juſqu'à la nuit nous ſuivîmes la même route ſans rien appercevoir de plus.

En jettant les yeux ſur la Carte qu'on nomme de *Maurepas*, je vis un troiſieme Banc de Nazareth, que M. d'Après a

____

(d) Je pourrois donner d'autres preuves, s'il étoit néceſſaire.

fupprimé dans fa Carte, fur lequel on voit plufieurs petites Ifles tracées. L'étendue de ce banc étant beaucoup plus confidérable fur la Carte qu'il ne l'eft en effet, je ne lui ai donné fur la mienne que celle que mes Obfervations & mes fondes m'ont fait conjecturer.

SAINT-BRANDON ANGLOIS.

M. d'Après a auffi fupprimé un Saint-Brandon ou Corgados qui eft dans les Cartes du Neptune Anglois. Quoique la configuration de leurs Plans foit fort diffemblable, & qu'ils different par leur pofition de plufieurs degrés en longitude, il paroît cependant bien vraifemblable qu'il exifte, puifque, dans la légende du Plan qu'en donne l'Auteur Anglois, il dit que ce danger a été reconnu par le Capitaine Edowart-Leger, commandant *le Falcon*. Comme j'ignore pourquoi M. d'Après a fait cette fuppreffion, je ne le placerai pas dans ma Carte, que je ne fois inftruit de fes raifons.

SAYA DE MALHA.

Le 4 Juin à fept heures & demie du foir, j'étois par la latitude Sud, de 11° 36', & par les 59° 4' de longitude eftimée. Comme ce point me mettoit fort près du Banc de Saya de Malha, avant d'aller plus avant par une nuit qui commençoit à être fort obfcure, je fis fonder; ayant trouvé fond à trente braffes, je fis mettre à l'autre bord & refonder, auffi-tôt on trouva encore trente braffes; mais au bout d'un quart d'heure on fonda & on n'eut plus de fond. Le vent étoit fi violent & la mer fi groffe, que nous fûmes obligés de mettre à la cape, à la mifaine & à l'artimon, les amures à bâbord & le cap au S. O. Jufqu'au jour nous continuâmes cette voilure.

Le 5, à fept heures du matin, je fis mettre le cap au N. E. $\frac{1}{4}$ N. afin de prendre connoiffance de ce danger, & je continuai cette bordée jufqu'au foir fans rien appercevoir. Cependant dès les neuf heures du matin, la mer s'étoit extrêmement

applanie,

applanie , & il fembloit que nous étions à l'abri d'un banc ou d'une terre.

La cape de la nuit avoit été eftimée de cinq lieues à l'Oueft, & quoique ma longitude eftimée nous mît dans l'Eft du banc de Saya de Malha , je comptois déja fur une différence Oueft ; par la raifon que les Mers de ce parage étant affujetties à l'impulfion des Vents généraux , les Courans doivent porter au N. O. & y avoir une grande vîteffe , occafionnée par le refferrement du canal formé par cet écueil & les bancs de Nazareth. Néanmoins je fus étonné de ne pas avoir connoiffance de ce banc après les indices de la veille , & je conjeêturai que Saya de Malha eft porté trop à l'Oueft fur la Carte de M. d'Après ; parce que , s'il y étoit bien fitué , il eft prouvé que nous aurions eu déja 2° de différence Oueft , n'étant qu'au tiers du chemin des Ifles Mahé , tandis que notre différence totale n'a été que de 2° 28′ à l'atterrage de ces Ifles.

En rapportant fur la Carte de M. d'Après les routes de la *Digue* allant à Séchelles , au mois de Septembre 1768 , j'ai vu qu'elle a traverfé Saya de Malha , prefque par fon milieu du S. O. au N. E. & qu'elle auroit eu connoiffance de ce banc , quand elle eût été d'un degré plus Oueft que fon eftime. Il eft à remarquer que fa différence totale à fon atterrage à Séchelles , n'a été que de deux degrés.

Enfin , en confultant le Pilote Anglois , j'ai trouvé qu'il fixe la longitude du Nord de Saya de Malha , à 11° 40′ Méridien de Bombay , qui répond à 58° 20′ de celui de Paris ; & que M. d'Après place cette même partie de l'écueil par 57° 37′ : ce qui fait la différence de 43 minutes.

Voici l'extrait de Journal rapporté dans le Pilote Anglois de la Navigation Orientale , gravée par William Mounth , &c.

» La partie la plus Nord de Saya de Malha eft fituée par les
» 9° 55′ Sud , diftance méridienne de Bombay , 11° 40′ à
» l'Oueft. J'ai rencontré ce banc dans la partie du N. O. après
» avoir fondé & trouvé quinze braffes fond de roches de corail ;
» je refondai une feconde fois de fuite , & ne trouvai plus que

» huit braffes ; je revirai de bord , & pris la bordée du Nord
» vers l'Oueft. Mais , quoique la brife fût très-foible à chaque
» fonde , le fond augmentoit très-vîte, comme 12, 15, 22, 32,
» 60, 85, & puis plus de fond ; je revirai deffus, & je trouvai
» quinze braffes même fond , enfuite 12, puis 10 ; & crai-
» gnant une diminution trop grande dans le braffiage , je revirai
» & pris la bordée de N. N. E. & fondant continuellement , je
» trouvai 11, 12, 13, 14, 17, 23 ; & après avoir fait environ
» une demi-lieue , je perdis le fond. Il eft dit que la partie du
» Sud de ce danger eft très-élevée , & en quelques endroits à
» fec ; la variation eft environ de 6° 40′ N. O. ».

Les combinaifons que j'ai faites fur ma route & fur celle de
la *Digue*, fe trouvant appuyées de l'extrait de ce Journal, j'ai
placé Saya de Malha quarante-trois minutes plus Eft que dans
les Cartes de M. d'Après ; c'eft-à-dire, la pointe du N. O. par
les cinquante-huit degrés vingt minutes méridien de Paris.

ISLES-SÉCHELLES.

Nous fommes arrivés à l'Ifle-Séchelles le 14 Juin. M. l'Abbé
Rochon y a fait diverfes Obfervations de longitude, & celle
à laquelle il a fixé la pofition de cette Ifle près du Bâton de
Pavillon, eft de 53° 15′ méridien de Paris. Sur la Carte de
M. d'Après , cette Ifle eft par 52° 30′.

ISLE SAINT-MICHEL.

La *Digue* eft partie de l'Ifle-Séchelles au mois de Décembre.
Son point d'arrivée s'eft rencontré parfaitement fur Rodrigue ,
où elle a fait fon atterrage. Par l'erreur de la Carte , elle eft
partie de 53° 40′ , lorfqu'elle a cru partir de 52° 55′ ; elle a
donc eu une erreur de 45′ fur laquelle elle ne comptoit point.
Dans ce retour elle a voulu prendre connoiffance de l'Ifle Saint-
Michel ; elle a fait route à la traverfer par fon milieu ; elle a
même cru que ne l'ayant pas vue , fa fituation étoit mal déterminée fur la Carte de M. d'Après : mais étant partie de 45′ plus

Eſt , elle a dû paſſer à huit à dix lieues dans le N. E. de cette Iſle , & il n’eſt pas étonnant qu’elle n’en ait pas eu connoiſſance , ſur-tout ſi c’eſt une terre baſſe. Cette même Flûte allant à l’Iſle-Séchelles , & ſe faiſant à l’Eſt de l’Iſle Saint-Michel , a eu le fond qu’elle a conſervé pendant toute une nuit ; mais ayant eu une différence Oueſt de deux degrés à ſon atterrage à Séchelles , elle peut avoir paſſé dans l’Oueſt de Saint-Michel. Or la poſi-tion de cette Iſle me paroiſſant aſſez juſte , je l’ai miſe ſur ma Carte , ſelon M. d’Après.

ROCQUEPIRE DU SUD.

La *Digue*, à ſon retour, a voulu auſſi prendre connoiſſance de Rocquepire qui eſt deſſiné ſur les Cartes comme une Iſle aſſez grande ; s’en faiſant à l’Oueſt à peu de diſtance , elle a ſuivi ſon pourtour juſqu’à l’Eſt ; elle a couru enſuite ſa parallele pendant l’eſpace de 45′. Selon le chemin que cette Flûte a fait à l’Oueſt , au Sud & à l’Eſt , elle a été à portée de voir cette Iſle pendant près de 2° ; mais elle n’en a pas eu connoiſſance , & malgré les 45″ de différence en longitude partie qu’elle avoit , elle auroit très-bien pu voir Rocquepire , ſi cette Iſle avoit été bien ſituée dans les Cartes de M. d’Après. D’ailleurs, en rappor-tant le point de départ de la Goalette le *Saint-Benoît* , au rele-vement que lui fixe la longitude de Séchelles , déterminée par M. l’Abbé Rochon , ſon point d’atterrage ſe trouve directement à l’Iſle-ronde , & elle paſſe dans ſa route ſur le milieu de Rocquepire ſans en avoir connoiſſance.

Toutes ces raiſons m’ont perſuadé que cette Iſle eſt mal ſituée dans les Cartes de M. d’Après , & je l’ai placée 30′ plus à l’Oueſt ; c’eſt-à-dire, par la longitude de 61° 30′ : en la mettant plus Eſt , la longitude qui lui étoit déja fixée , auroit différé de plus de 3° , & cela auroit augmenté encore l’erreur , ſi cette Iſle eſt en effet plus à l’Oueſt.

AGALÉGA.

Lorſque nous ſommes arrivés à Pondichery , M. le Gentils, Aſtronome, m’a remis un extrait du Voyage de M. la Carriere, qui a eu connoiſſance de l'Iſle d'Agaléga. Comme ce Marin a eu fond ſur l'extrémité du banc des Iſles-Séchelles , & que l'étendue de ce banc eſt connue , j'ai rapporté la ſonde qu'il a eue à midi avec ſa latitude obſervée , & j'ai ramené ſes routes des vingt-quatre heures juſqu'au point où il a eu connoiſſance d'Agaléga : cela s'eſt trouvé le troiſieme jour. Ce point mettoit l'Iſle d'Agaléga d'un degré trente minutes plus à l'Oueſt que ſelon M. d'Après ; mais , comme pendant ces trois jours il avoit eu des différences Oueſt , & qu'elles devoient être plus fortes que ci-devant , à cauſe de l'approche des Iſles-Séchelles où les Courans ont un cours très-rapide , j'ai rapporté cette Iſle à l'Eſt d'un demi-degré ; ce qui fait encore que ſa longitude differe d'un degré de celle que lui a fixée M. d'Après. Elle eſt donc par la longitude de 54° au lieu de 55°.

ISLES D'ADU.

Depuis les premieres Navigations de l'Inde , je n'ai pas oui dire que perſonne ait eu connoiſſance des Iſles d'Adu , que M. Moreau , ancien Capitaine des Vaiſſeaux de Côte de la Compagnie. Voici l'extrait de ſon Journal à la vue de cette Iſle.

Du 25 au 26 Mars 1757.

» Vu des Goëlettes blanches tout l'après midi ; hier à ſix
» heures du ſoir vu le fond ſous nous ſans voir la terre ; tout
» de ſuite ſondé , eu fond de roches ; reſondé pour avoir le
» braſſiage , & eu dix-neuf braſſes fond de corail & de coquillage
» pourri. A ſix heures trois quarts , gros corail rouge ; à ſept
» heures & demie , même fond , point de pierres , il eſt venu
» contre le plomb un petit poiſſon rouge tout vivant , avec de
» petites écreviſſes & du coquillage , pour le ſable très-blanc
» & beau ; à huit heures un quart , quinze braſſes fond de ro-
» ches , reſondé tout de ſuite vingt & une braſſes même fond ;
» à neuf heures & demie , quarante-ſept braſſes fond de ſable
» blanc très-fin. Nous ſommes venus au plus près bâbord au
» vent , les Vents au N. O. à onze heures & demie , quarante-
» neuf braſſes même fond ; à minuit un quart quarante-cinq

» braſſes même fond ; à ſix heures ce matin vu la terre dans
» le N. N. O. eſtimée à ſix ou ſept lieues ; à ſept heures &
» demie vu une autre Iſle dans le S. S. E. à huit heures ſondé
» & filé ſoixante-quinze braſſes ſans avoir fond, ayant l'Iſle la
» plus Oueſt au N. $\frac{1}{4}$ N. O. conſéquemment nous avons fait
» ſur ce banc huit lieues & un tiers, qui, tout corrigé, peuvent
» aller dans le Nord; à huit heures du matin le tems beau &
» la mer très-belle, nous avons mis le canot à la mer, &c.

 » A midi, la latitude obſervée Sud de. . . . . 5° 5′
 » La latitude eſtimée, *idem*. . . . . 5° 11′
 » Longitude arrivée. . . . . 76° 15′
 » A midi relevé la terre comme il ſuit.
 » L'Iſle la plus Sud au N. O. $\frac{1}{4}$ O. celle la plus Nord au
» N. $\frac{1}{4}$ N. E. 5° Eſt, à une lieue & demie de la plus pro-
» che terre, &c. ».

D'après cet extrait de Journal, il étoit preſque certain que
les Iſles d'Adu ſe trouvoient ſur la nouvelle route projettée pour
aller dans l'Inde contre Mouſſon. Cette raiſon m'avoit engagé
à ſuivre la parallele de cinq degrés depuis les 87° de longitude
obſervée par M. l'Abbé Rochon, juſqu'aux 71° : Obſervation
faite auſſi le 21 Septembre au matin par cet Aſtronome, afin
que la latitude & la poſition de ces Iſles étant bien déterminées, elles puſſent ſervir de point pour rectifier la longitude des
Vaiſſeaux qui iroient dans l'Inde par cette même route.

Comme nous n'avons point eu connoiſſance de ces Iſles, il
faut qu'elles ſoient mal ſituées ſur les Cartes. Le 20 au matin
nous avons eu des indices qu'elles ſont par une latitude plus
Sud ; car nous avons vu pluſieurs vols d'Oiſeaux, de Goëlettes
blanches, de Frégates, Foux, &c. qui alloient dans le S.S.E.
Selon mon opinion, la latitude de ces Iſles ſeroit très-juſte dans
les Cartes de M. Bellin ; & ſelon l'Obſervation de longitude
faite le 21 par M. l'Abbé Rochon, & le chemin que nous
avions fait depuis cette Obſervation, leur longitude eſt à peu
près par les 73°. J'ai donc ſuivi ces deux Auteurs pour placer
les Iſles d'Adu ſur ma Carte.

DIEGO-GORCIA.

Le 24 Septembre, à huit heures & demie du matin, nous avons eu connoiſſance de Diego-Gorcia ; à neuf heures 10′ 38″, M. l'Abbé Rochon a fait une obſervation de longitude qui nous mettoit par 68° 33′ ; mais, lorſque nous avons obſervé la hauteur, nous avions fait du chemin à l'Oueſt. Cela fixe l'Iſle de Diego-Gorcia à la longitude de 68° 20′ & 7° 14′ de latitude à la partie du Nord.

CONCLUSION.

Dans le premier Mémoire, j'ai préſenté une idée neuve ſur les Courans des Mers de l'Inde, lorſque la Mouſſon du S. O. regne au Nord de la Ligne ; j'ai appuyé cette idée de l'expérience & des Obſervations Aſtronomiques de M. l'Abbé Rochon ; j'ai prouvé par des faits le rapport des Courans de ces mers avec les vents de Mouſſon ; j'ai propoſé un nouveau moyen de corriger la force des Courans de l'Archipel ; & j'ai parlé le premier des variétés des Courans & des révolutions des Vents qui les occaſionnent dans les parages compris entre les 25° Sud & la Ligne équinoxiale, ainſi que d'un moyen de reconnoître de quel côté ſont les erreurs en longitude, en comparant les différences en latitude.

Dans le ſecond Mémoire, on a vu pourquoi j'ai corrigé les poſitions de l'écueil Saint-Brandon, de Saya de Malha, de Séchelles, d'Agaléga, de Saint-Michel, de Rocquepirc du Sud, des Iſles d'Adu & de Diego-Gorcia.

Je vais actuellement donner une comparaiſon nette & ſuccinte de l'avantage qu'a la Route que je vais propoſer ſur celles qui ſont uſitées.

Depuis le mois d'Avril juſqu'en Octobre, les Bâtimens qui partent de l'Iſle-de-France pour la Côte de Coromandel, vont prendre connoiſſance de la tête du Nord de Madagaſcar. L'Iſle-de-France eſt par les 55° de longitude ; & la tête du Nord de Madagaſcar par les 47° ; ce qui fait une différence de 8°, qui se trouvant doublés pour le Navigateur qui doit revenir à l'Est, donnent une différence de 16° ou de trois cens vingt lieues.

Depuis le mois d'Octobre jusqu'en Avril, les mêmes Bâtimens remontent dans le Sud, quelquefois jusqu'à 38 à 40° de latitude. L'Isle-de-France est par les 20° ; conséquemment la différence est de 18 à 20°, laquelle se trouvant encore double pour le Navigateur qui doit revenir au Nord, lui fait perdre 36 à 40° ou sept à huit cens lieues.

Partant de l'Isle-de-France, je propose de faire le N. jusqu'à cinq degrés de latitude, & de courir ensuite à l'Est : il est évident que par cette Route, le Navigateur qui doit aller au Nord & à l'Est, ne perd rien en longitude & en latitude, & qu'il épargne d'un côté trois cens vingt lieues, & de l'autre sept à huit cens, ainsi que je viens de le démontrer en parlant des Routes usitées. Ce n'est pas le tout : par le détail que je vais faire des Moussons, on va trouver à cette Route un autre avantage.

Depuis le mois d'Avril jusqu'en Octobre, les Vents de S. O. regnent dans le canal Mozambique & au Nord de la Ligne équinoxiale, la Mousson de l'Est au Sud jusques vers les 8°.

Depuis le mois d'Octobre jusqu'en Avril, c'est le contraire ; les Vents de N. E. regnent au N. de la Ligne, au canal Mozambique, & la Mousson de l'Ouest au Sud de l'Equateur jusqu'aux 8°.

Toute l'année les Vents regnent du S. S. E. à l'E. S. E. entre les 8° & les 40° de latitude Sud.

Dans les paralleles de l'Isle-de-France & de Bourbon, ils passent quelquefois au S. O. au N. O. & au N. E. mais ce ne sont que des révolutions momentanées & rares qui arrivent dans des changemens de quartier de Lune.

Or que les Vents soient à l'E. au S. E. au S. O. à O. dans les parages des vents généraux, ils sont largues pour la route que je propose, puisqu'il faut aller vers le Nord jusqu'à la rencontre des vents de Mousson qui regnent au Sud & au Nord de la Ligne.

Arrivé au cinquieme degré de latitude Sud, si c'est dans la Mousson de l'E. au S. de la Ligne, on peut aller de suite couper la Ligne, pour aller chercher les Vents de S. O. qui regnent alors au Nord de la Ligne ; ainsi qu'ont fait l'Escadre de l'Amiral Boscawen, le *Petit-Choiseul*, le *Montaran*, &c. & faire route ensuite pour atterrer à la côte de Malabar, par les passes des Maldives.

Si c'est au contraire dans la Mousson de l'Ouest que l'on est parvenu au cinquieme degré de latitude Sud, on peut faire route à l'Est, en s'entretenant entre les 4° 50′ & les 5° de latitude Sud, & courir ainsi sans crainte jusques par les 87° de longitude, si on veut remonter à la pointe d'Achem, & même jusqu'à l'Isle-Trompeuse; ou les 96° si l'on veut aller en Chine. Par les Routes de M. Picault, la mienne, & celle de M. de Surville commandant le *Duc d'Orleans*, je peux prouver la netteté de cette parallele (*e*).

On pourroit néanmoins m'objecter. 1°. Que la parallele des cinq degrés que je propose, peut être sujette à des Ouragans (*f*). 2°. Qu'on doute de la constance des vents d'Ouest dans ce parage (*g*). 3°. Que les Bancs de Nazareth pourroient être dangereux. Je repliquerai à cela, qu'il est de remarque générale que

---

(*e*) En 1763, le Vaisseau Anglois le *Speaker* rencontra un banc, sur lequel il fit un grand nombre de sondes. Il y mouilla pour en fixer mieux les accords; le plus haut fond qu'il trouva, fut de sept brasses dans la partie du Nord. Sa position lui parut être du Nord au Sud, entre 4° 37ᶠ de latitude & 4° 55ᶠ. Il fut aussi assez heureux pour pouvoir en déterminer la longitude à 70 degrés 37′ méridien de Paris, par une distance de la Lune au Soleil.

On ne peut sans doute regarder ce banc comme un obstacle à la route que je propose, sa partie la plus Sud ne s'étendant pas au delà de 4° 48ᶠ; & d'ailleurs le brassiage permet une assez grande sécurité. Ce même banc, en cas qu'on en ait connoissance, peut même servir à corriger *le Point*, parce que la position astronomique est bien constatée.

» (*f*) J'observerai ici 1°. Que la Mousson de l'Ouest au Sud de la Ligne, ne » commence guere que vers le 15 ou 20 » Novembre, & toujours plus tard que » celle du N.E. au Nord de la Ligne. 2°. » Que cette même Mousson de l'Ouest » ne passe pas la parallele de huit à neuf » degrés de latitude. 3°. Que c'est pendant » cette Mousson qu'on voit regner des » vents variables dans l'espace affecté aux » vents généraux, & qu'on y voit souvent des Ouragans & des Tempêtes. »

» (*g*) La Mousson de l'O. est au S. de la » Ligne équinoxiale, tandis que la Mousson du N.E. regne du côté du N. & par » échange la Mousson du S.O. est de ce » même côté de la Ligne, lorsque la Mousson de l'Est souffle du côté du Sud. Cette » disposition des vents dans les mers orientales a été reconnue dès les premiers » tems de la découverte des Indes. Ma » propre expérience m'en a convaincu » dans tous les voyages que j'ai faits, soit » aux Indes, soit à la Chine; & de 300 » Journaux de navigation que j'ai entre les » mains, il n'y en a pas un seul qui ne confirme cette vérité. » *Extraits d'une Lettre de M. d'Après, du 7 Septembre 1770.*

que les ouragans qu'ont essuyés les Vaisseaux qui naviguent dans les Mers orientales, ne se font pas fait sentir plus proche de la Ligne équinoxiale que les 12°, & même les 16° dans cette partie ; que je peux offrir comme une preuve de la douce température de ce climat, les beaux tems que j'y ai trouvés pendant la crise de l'Equinoxe de Septembre que je l'ai fréquenté ; qu'aux Isles Séchelles & Adu, les arbres ne seroient pas aussi beaux sur les élévations & dans les plaines, si les ouragans se faisoient sentir dans ce parage.

Je prouverai ensuite sur les Journaux du *Saint-Benoît*, du *Cerf*, du Vaisseau le *Duc d'Orleans*, de tous les Vaisseaux allant en Chine dans le tems de cette Mousson, & avec une relation que j'ai des Isles d'Adu, que les vents d'Ouest y regnent constamment depuis le mois d'Octobre jusqu'en Avril.

Je dirai enfin que les Bancs de Nazareth seroient en quelque sorte dangereux s'ils étoient placés dans un parage de vent variable ; mais qu'ils ne le feront pas dans celui des vents généraux, dès que leur étendue du Nord au Sud & de l'Est à l'Ouest sera déterminée : c'est ce qui peut occuper deux petits Bâtimens l'espace de deux mois au plus.

Au reste, une telle objection fondée sur un peut-être, que détruit en partie les routes de l'Amiral Boscawen & de la *Digue*, ne peut, ce me semble, balancer le grand avantage qu'il y a à préferer cette route ; & personne ne disconviendra que, si l'on avoit voulu refléchir à tous les dangers de la Navigation, on ne se seroit jamais hazardé à aller sur mer, & que la Marine seroit encore enveloppée du voile obscur de l'ignorance. Mais les lumieres répandues aujourd'hui sur cette matiere, sont à un tel degré de perfection, que la crainte seroit pusillanimité. Persuadé de cette maxime, je crois pouvoir donner une route aux Bâtimens qui, partant de l'Isle-de-France, voudroient aller à la Côte de Coromandel, en faisant le Nord, lorsque la Mousson de l'Ouest est au Sud de la Ligne.

1°. Il faut faire route à prendre connoissance de la tête du Sud du Banc de l'Est de Nazareth.

2°. Si l'on en a connoissance, on passera sous le vent de cet écueil, en faisant route pour aller reconnoître la tête du Sud du Banc de l'Ouest, sous le vent duquel on dirigera sa route, en la faisant valoir, l'air de vent du giffement de ce Banc porté sur la Carte : c'est ce qu'a fait à peu près l'Escadre de l'Amiral Boscawen, composée de vingt-six Vaisseaux, qui se trouvoit dans cette derniere position, & qui n'a eu connoissance de rien.

3°. Si l'on n'a point connoissance du Banc de l'Est, étant parvenu à sa latitude Sud, il faut diriger sa route sur la parallele Nord & Sud du giffement de ce Banc sur les Cartes, & faire ensorte de se trouver de jour dans cette derniere position, & vers le matin, afin de pouvoir pendant la journée parcourir diverses paralleles de latitude. La *Digue* a suivi cette route sans rien appercevoir, elle y a même sondé jour & nuit sans trouver fond.

4°. Il faut observer de ne pas passer pendant la nuit les latitudes de Saint-Michel & d'une Basse qui est dans le Nord de cette Isle, & vers les six degrés de latitude Sud.

5°. Enfin, parvenu au cinquieme degré de latitude, on peut faire route à l'Est jusqu'à Sumatra, en suivant les 4° 50' & 5° de latitude. J'ai déja cité mes preuves sur la netteté de cette parallele (*h*). Si les exemples que je viens de donner des Vaisseaux qui ont navigué par les deux routes que j'indique, pour parvenir aux cinq degrés de latitude Sud, ne satisfont pas à cause de l'incertitude du giffement des Bancs de Nazareth; je dirai que leur situation & leur étendue étant bien déterminées, il n'y aura plus de difficultés à entreprendre la route que j'ai proposée, ou bien il faut s'écrier, ô Vasco de Gama ! O Christophe Colomb !

Néanmoins c'est le fort des nouvelles idées d'être contrariées. Christophe Colomb passa pour un fol; on peut me faire passer pour un ambitieux : mais le tems a justifié Colomb, & le tems me justifiera, si toutefois la confiance & l'amour de l'humanité l'emportent. 1°. Sur le fanatisme d'anciens préjugés, qui captive des hommes éclairés & de bonne foi. 2°. Sur les efforts de l'amour

______

(*h*) Sur les Cartes anciennes & modernes, il n'y a aucun écueil ni Isles portés sur cette parallele.

propre qui rougit fouvent des nouvelles idées, & les rejette, lorfqu'elles peuvent donner un mérite à tout autre qu'à foi. 3°. Sur l'effronterie du charlatanifme qui en impofe par fon affurance, & qui éblouit par fon verbiage. 4°. Enfin fur les intrigues & les menées fourdes de la cupidité guidée par la mauvaife foi.

Le premier de ces motifs, qui nous retrace la foibleffe humaine, eft excufable & peut fe détruire par la réflexion ; le fecond céde à l'évidence, mais il eft toujours prêt à douter ; le troifieme s'épuife de lui-même, & ne trompe qu'un inftant. Mais la cupidité, cet hydre toujours renaiffant, fait renaître avec foi autant de difficultés, qu'il prend de formes différentes. Sous le mafque de la fimplicité, il cache l'orgueil. Sous le voile de l'humanité, il prépare fon poifon ; & faifant ufage du menfonge, fous les traits de la vérité il brave la honte, la délicateffe, l'honneur, & détruit tout, lorfqu'il a pu porter le premier coup.

Comme tous ces motifs d'oppofitions tiennent à l'efprit & au cœur humain, il ne feroit pas étonnant que la Route que je propofe, trouvât une multitude d'Oppofans. Mais vous, hommes vertueux ! qui n'avez en vue que le bien de l'Etat, & qui n'êtes guidés que par l'amour du Roi & de l'humanité, c'eft à l'expérience que vous vous en rapporterez, parce que c'eft elle feule qui peut mettre les Oppofans fans repliques, & dévoiler leurs intérêts cachés : jufqu'à ce qu'elle ait prononcé, les difficultés qu'on pourra me faire, vous paroîtront injuftes, douteufes ou chimériques. Pour moi je déclare que je ne connoîtrai d'objections dignes de repliques, que celles qui me parviendront directement, & par la voie de l'impreffion ; c'eft auffi de cette maniere que je mettrai au jour la pureté de mes intentions & la folidité de mes preuves. Au refte l'utilité publique qui m'a guidé, le foin que j'ai mis à mon travail, & la vérité dont les droits fe fufpendent quelquefois, mais ne fe perdent jamais, m'affurent de la confiance des perfonnes défintéreffées : c'eft tout ce que je peux obtenir de plus flatteur, puifque, par un effet de cette même confiance, elles décideront de la jufteffe de mes idées, en fuivant la Route que je leur ai tracée.

F I N.

E ij

RAPPORT

FAIT A L'ACADÉMIE ROYALE DE MARINE des Mémoires de M. l'Abbé Rochon & M. Grenier, Enseigne de Vaisseau, au sujet d'une nouvelle Route proposée pour aller de l'Isle-de-France à Pondichery, dans l'arriere saison, examinés par ordre de M. l'Abbé Terray, du 20 Mars 1772.

IL est nécessaire d'exposer ici en peu de mots ce que dit M. Grenier dans son Mémoire. Il lui étoit recommandé par un article de ses Instructions qu'il rapporte, page 5, de chercher la Route la plus directe, par conséquent la plus courte pour aller de l'Isle-de-France à la Côte de Coromandel dans toutes les saisons.

Comme les routes que font ordinairement les Navigateurs dans l'une & l'autre saison, font perdre un chemin considérable, il étoit aisé de voir que la route directe devoit abréger le plus la traversée; mais les bancs de Nazareth, & les écueils qui font dans la partie du Nord-Est de l'Isle-de-France rendoient cette route dangereuse. D'ailleurs obligé de rester plus long-tems dans les parages des vents d'Est, & traversant plus obliquement les parages qui font entre les latitudes où la mousson de l'Ouest est réglée, & ceux où regnent les Vents généraux, il étoit à craindre que la contrariété des vents & les calmes ne fissent perdre une partie du tems qu'une route absolument directe paroîtroit devoir faire gagner.

Pour éviter ces inconvéniens, il pensa qu'il étoit préférable de perdre un peu sur la quantité du chemin, & de passer sous le vent des dangers. Cette route déja faite par l'Amiral Boscawen, le *Montaran*, commandé par M. d'Après, le *Petit-Choiseul* & la *Digue*, qu'il a soin de citer, dispense dans la saison favorable de perdre 160 lieues, que l'on fait ordinairement à l'Ouest pour aller chercher le Cap d'Ambre; chemin qui est en pure perte, puisqu'il est à l'Ouest, & que Pondichery est dans l'Est de l'Isle-de-France. Il faut ensuite faire de plus dans l'Est cette même quantité de chemin qu'on a fait inutilement dans l'Ouest. M. Grenier cite dans son Mémoire ces Navigateurs. Mais cette route pratiquée dans la belle saison ne peut-elle pas être suivie au moins en partie dans l'arriere saison, en y faisant quelque changement.

La longueur des traversées dans l'arriere saison, dont la durée est en général de deux mois & demi, parce que l'on fait 800 lieues de plus qu'il n'est nécessaire, est un inconvénient réel qu'il vit bientôt qu'on pouvoit éviter.

Tout le monde sait que les moussons dans les mers de l'Inde sont des vents réglés qui soufflent six mois d'un côte de l'horison, & six mois du côté opposé. Il est aussi reconnu, & nous ferons voir par une infinité de témoignages, que, quand les Moussons sont de l'Est au Nord de la ligne, elles sont de l'Ouest dans le Sud de la ligne, & réciproquement ; ainsi en passant au Nord ou au Sud de la ligne, on est sûr d'avoir les vents qu'on souhaite & favorables, soit pour aller vers l'Ouest ou vers l'Est.

Il est reconnu que, depuis Octobre ou Novembre, la Mousson est de l'Est au Nord de la Ligne, & Ouest dans le Sud. Pondichery étant dans l'Est, c'est donc de la mousson du Sud de la ligne qu'il faut profiter.

Il ne reste plus qu'à montrer que cette route est praticable. M. Grenier vit que par les Routes du *Duc d'Orléans*, commandé par M. de Surville & *l'Elisabeth*, Capitaine Picaut, presque tout le parallele des cinq degrés avoit été suivi ; il vit qu'en parcourant l'intervalle que ces routes laissoient entr'elles, on auroit toujours un parallele vérifié ; qu'ainsi ce feroit toujours indiquer une route praticable que la Navigation perfectionneroit ensuite, & où d'ailleurs les Cartes ne permettent pas de soupçonner beaucoup de dangers.

Le Mémoire que M. l'Abbé Rochon adresse au Ministre, forme des objections multipliées qu'il nous a ordonné d'examiner. Nous avons cru devoir écrire à M. l'Abbé Rochon pour le prier de nous envoyer les nouvelles preuves qui seroient à l'appui de son sentiment. Il y a joint une note qu'il a signée, & que nous avons l'honneur d'adresser au Ministre. Nous avons cru devoir en même-tems écrire à M. d'Après, Capitaine au service de la Compagnie des Indes, & Membre de l'Académie Royale de Marine, tant parce qu'il est cité dans le Mémoire de M. l'Abbé Rochon, que parce que son habileté & son expérience étant généralement reconnues, ayant fait une étude particuliere de cette Navigation, dont il a rassemblé une infinité de Journaux, son autorité nous a paru d'un plus grand poids.

M. d'Après s'est porté à assurer notre rapport, tant par ses observations qu'en nous envoyant divers Journaux & Instructions ; & nous sommes bien charmés de vous assurer de la satisfaction avec laquelle nous avons vu son zele pour ce qui intéresse la Navigation, & que notre reconnoissance ne nous permet pas de dissimuler que nous lui avons l'obligation précieuse de la plus grande partie des Mémoires qui fondent notre opinion. Pour ce qui concerne les objections contenues au Mémoire de M. l'Abbé Rochon, nous ne pouvons nous empêcher de croire qu'il eſt abſolument néceſſaire de joindre à ce Rapport la copie de ſon Mémoire & nos Obſervations en marge.

Les Objections du Mémoire de M. l'Abbé Rochon regardent principalement la Navigation que propoſe M. Grenier, dans l'arriere ſaiſon, c'eſt-à-dire, de Novembre en Mai. Nous les diviſons en deux parties. La premiere regarde la difficulté de s'élever dans le Nord. La ſeconde eſt celle de parcourir le parallele des 5 degrés, fondée ſur les dangers, & ſur-tout ſur l'incertitude des vents d'Oueſt, quoique l'article du Mémoire ou Lettre de M. l'Abbé Rochon, où il eſt dit que l'avis de M. d'Après a été contredit lors de l'Eſcadre de M. d'Aché par quelques Capitaines de la Compagnie, montre qu'il ne convenoit pas dans ce Mémoire de l'exiſtence des vents d'Oueſt dans la partie à l'Eſt du Méridien de Polvéira, non plus que dans la partie de l'Oueſt. Nous devons ajouter ici que M. l'Abbé Rochon convient maintenant de l'exiſtence des vents d'Oueſt dans la partie de l'Eſt, & qu'il ne les conteſte plus que dans celle de l'Oueſt entre les Amirantes & ce Méridien.

Difficulté de gagner le parallele des cinq Degrés.

Etant prouvé que dans ce que M. l'Abbé Rochon nomme la belle ſaiſon, c'eſt-à-dire, pendant la Mouſſon d'Avril en Novembre, la Route dont parle M. Grenier, a été faite par l'Eſcadre de l'Amiral Boſcawen, par le *Montaran*, la *Digue* & le *Petit-Choiſeul*, la difficulté ne peut venir que de la différence des vents dans l'arriere ſaiſon, où M. l'Abbé Rochon dit qu'il regne fréquemment du Nord. Il ne conteſte pas cette Route dans la Mouſſon d'Avril.

S'il marque dans ſon Mémoire que les vents d'Eſt-Sud-Eſt permettroient à peine de faire le Nord, à cauſe de la dérive & de la variation qui s'y oppoſent, pendant qu'on ſait que la variation n'eſt guere plus d'un quart, quoique cet article mérite peu d'examen, il faut ſe ſouvenir que M. l'Abbé Rochon mérite d'autant plus d'indulgence que la Marine n'étant pas ſon métier, il a pu commettre quelqu'erreur, dont on ne peut pas lui ſavoir mauvais gré.

Examinons ce qui a rapport à l'exiſtence des vents de Nord. M. l'Abbé Rochon dans la note qu'il a ſignée à Breſt, marque que dans ſon Voyage à Madagaſcar les vents ont été ſouvent Nord.

S'il s'agit de Madagaſcar, c'eſt une choſe indifférente à M. Grenier, puiſqu'il ne dit pas de prendre connoiſſance de cette Iſle aux approches de l'Iſle de Bourbon. M. Grenier a eu des vents de Sud-Eſt. Mais examinons ce qui eſt reconnu ſous les parages de l'Iſle-de-France, & principalement la partie du Nord de cette Iſle.

M. l'Abbé de la Caille, (*Mémoire de l'Académie 1754.*) dit : « les vents

» viennent ordinairement de la partie du Sud-Eſt. Ils ſont bien moins
» violens qu'au Cap de Bonne Eſpérance. On trouve cependant des
» vents variables depuis le mois d'Octobre en Avril, ce qui montre que
» ce ſont des exceptions ».

Muſſenbroek, *tome III. des Météores Aëriens*, dit : « entre le dixieme
» & le trentième degré de latitude Sud, & depuis l'Iſle Saint-Laurent
» ou Madagaſcar, juſqu'à l'Iſle-Java & Iſles adjacentes qui ſont plus
» Eſt, & la nouvelle Hollande, il ſouffle toute l'année un vent de S.E.
» mais qui en certain tems s'approche un peu plus du véritable Eſt,
» & qui quelquefois paroit Nord-Eſt ».

Nous avons cru devoir examiner différens Journaux dans cette ſaiſon.
1°. Du *Saint-Benoît* & du *Cerf* en 1756. Les vents ont été du S. S. E.
à l'E. S. E. pendant quinze jours, depuis le 23 Novembre au 8 Décembre. 2°. Le Bot le *Favori*; ſur vingt-quatre jours, il y en a ſix où le
vent eſt variable ſans dire quelle partie, un ſeul où il eſt de l'E.N.E.
trois à l'Eſt, & tout le reſte du tems de l'E.S.E. & S.E.

3°. La Frégate la. . . . . . . revenant de Goa, depuis 12 degrés
à l'Eſt de l'Iſle-de-France, a eu des vents d'Eſt-Sud-Eſt pendant
cinq jours.

4°. Le *Jupiter* en Janvier trouve des vents d'Eſt-Sud-Eſt, & d'Eſt
pendant ſix jours.

5°. Capitaine Picaut en Mars, ſur dix jours, il y en a trois où les
vents ſont du Nord-d'Eſt au Nord-Oueſt.

6°. M. de Kſaint, commandant *l'Alcide*, allant par la grande route,
part de Bourbon ; ſur quatre jours, les vents ſont un jour au Nord-d'Eſt.
Au reſte, les routes par la grande route, c'eſt-à-dire, s'élevant dans
le Sud, nous paroiſſent donner plus ſouvent des variations Nord-Eſt ;
mais comme cette route n'eſt pas celle qui eſt propoſée, on voit qu'il
ſeroit inutile de la conſidérer.

Faiſons maintenant attention aux dangers objectés dans cette Navigation. Cette route juſqu'au parallele des cinq degrés a été faite par
l'Amiral Boſcawen, le *Montaran*, la *Digue* & le *Petit-Choiſeul* ; car une
variation trop foible ne peut qu'obliger de courir une bordée de peu
de durée. Pourquoi ſuppoſeroit-on des dangers qui ne ſont pas mar-
qués ? car il faut ſe ſouvenir que M. Grenier propoſe de faire reconnoître les Bancs de Nazareth, & d'en paſſer ſous le vent. Ne peut-on même
pas remarquer que la route entre les Bancs de Nazareth avoit été ſuivie
dans un tems où la Navigation étoit imparfaite ? Effectivement ces bancs
ſont ouverts, de façon qu'on ne peut-être obligé d'y louvoyer. Enfin, avec l'attention de paſſer dans le jour les latitudes d'Agaléga,
Saint-Michel, & une Baſſe qui eſt par les 6 degrés de latitude, on ne
peut courir de danger.

Enfin, nous voyons que les Vents généraux qui font de l'Eſt-Sud-Eſt nous paroiſſent prendre plutôt du Sud, lorſqu'on fait route dans le Nord, & avoir des variations Nord-d'Eſt, ainſi que nous l'avons remarqué, lorſqu'on s'éleve dans le Sud de l'Iſle-de-France : ce qui nous perſuade encore plus que la route eſt facile.

Examinons maintenant la conſtance des vents d'Oueſt, & joignons ici l'opinion à laquelle M. l'Abbé Rochon adhere maintenant.

Il dit que la mouſſon de l'Oueſt n'exiſte pas dans la partie de l'Oueſt du Méridien de Polvéira. Nous avons trouvé que l'inſtruction imprimée à Amſterdam chez Théodore le Grand l'an 1675, nommée *Colonne Éclairante de la Navigation*, confirme la mouſſon du Oueſt dans le Sud de la ligne, ſans limitation, diſant page 7 : « mais au tems quand la mouſ-
» ſon de l'Oueſt de delà le Sud de la Ligne Equinoxiale ſouffle (lequel en
» Décembre, Janvier & Février a ſa plus grande & véhémente force)
» & étant parvenu entre la ſuſdécrite largeur de 36 à 40 degrés, envi-
» ron 850 lieues de delà de l'Eſt du Cap de Bonne Eſpérance, alors il
» faut prendre la courſe un peu plus vers le Nord que l'Eſt, afin que delà
» on puiſſe être aſſuré qu'on tombera de delà de l'Oueſt du Détroit de
» Sunda, & étant parvenu à la hauteur de 6 degrés, largeur Sud, &
» deſſus le vent dudit Détroit de Sunda, on le puiſſe atteindre & embou-
» cher en toute célérité ». Il dit encore, page 11 : « mais venant en mer
» à la fin d'Octobre ils avoient des vents du Nord-d'Eſt & Nord-Nord-Eſt ;
» & au commencement de Novembre, étant parvenu ſous la millieue
» ligne de l'Oueſt-Nord-Oueſt, & à la hauteur de 4 degrés, largeur de
» Sud, vent d'Oueſt-Sud-Oueſt, lequel leur amena juſqu'à Bantan.
» En la mer des Indes, entre Madagaſcar vers l'Oueſt & Java, vers
» l'Eſt de delà le Sud de 10 à 11 degrés, largeur de Sud juſques ſous le
» *Tropicus-Capricorni*, & de delà le Sud, auſſi à la hauteur de 28 degrés,
» largeur de Sud, ſoufflent les vents de Sud-Eſt un an comme l'autre,
» c'eſt-à-dire, toujours ».

Muſſenbroek, *tome III. des Météores Aériens*, dit : « les Mouſſons
» commencent à ſe faire ſentir depuis le dixieme degré de latitude
» Méridionale, il en parvient juſqu'au deuxieme degré de cette lati-
» tude, mais ils ſe terminent environ entre l'Iſle de Sumatra & les
» Promontoires de la partie (*a*) Méridionale de Madagaſcar ; car dans
» ce trajet de la mer des Indes les vents de Sud-d'Eſt regnent pendant
» les mois de Mai, Juin, Juillet, Août, Septembre & Octobre : mais
» depuis le mois de Novembre, & pendant les ſix mois ſuivans, c'eſt le
» vent Nord'Oueſt qui regne dans cette partie ».

Il

____

(a) *Le mot Méridionale eſt une faute d'impreſſion, il faut dire Septentrionale.*

Il faut encore remarquer que ce célebre Phyſicien qui a connu mieux que perſonne le prix de l'expérience , rapporte certainement ce qui lui a paru avéré. Il déclare même qu'il ne prétend pas en expliquer la cauſe.

Enfin, nous remarquerons que, quoique les limites de cette mouſ-fon varient un peu, il vaut mieux les aſſigner entre la Ligne & les huit degrés Sud.

Nous trouvons que le Voyage du Sieur Picaut montre inconteſtable-ment la conſtance des vents d'Oueſt. Nous voyons que les Journaux du *Saint-Benoît* & du *Cerf*, venant des Iſles-Séchelles , montrent des vents de Oueſt-Nord-Oueſt , parfaitement établis à ces Iſles , leſquels les ont accompagnés juſques par les huit degrés Sud , qu'ils ont fait plus de deux cens lieues avec des vents qui étoient grand frais.

Nous les trouvons dans le Journal de la Frégate la. . . . . ve-nant de Goa le 14 Novembre 1757 , par 3 degrés 53 minutes de lati-tude Nord , juſques par les 4 degrés de latitude Sud au commence-ment de la Mouſſon.

L'*Eliſabeth* revenant de Suratte trouva le 7 Janvier des vents d'Oueſt par 46 minutes de latitude Nord , & environ 63 degrés de longitude.

Comme M. l'Abbé Rochon ne fait aucune diſtinction des différen-tes parties du parallele, dans ſon Mémoire ou Lettre, qu'il cite même les contradictions qu'a éprouvé l'avis de M. d'Après, pour des routes qui devoient paſſer à l'Eſt des Iſles Candie & de Polvéira ; malgré la limitation qu'il veut faire par ſa note, il eſt de notre devoir de dire que l'examen des routes dans cette partie montre la conſtance des vents d'Oueſt dans cette ſaiſon : nous l'avons remarqué par l'Examen ou les routes de l'Eſcadre de M. d'Aché.

DE L'ALCIDE , commandé par M de Kſaint.

DU SAINT-PRIEST.

DU DUC D'ORLÉANS.

DU BERRY.

DU BRILLANT.

DE LA GALATÉE.

Du Bot LE FAVORY.

De la Tartane L'ÉLISABETH.

Et de la Frégate la. . . . . . revenant de Goa à l'Iſle de France par ces mêmes parages, déjà cités ci-devant.

Qui croiroit que les Voyages de l'Amiral l'Ancaſtre, cité par M. l'Abbé Rochon, quoique ne marquant pas les Vents, indiquent plutôt des vents favorables par la combinaiſon de ſes routes que des vents contraires. Mais le Voyage de Walphart Harmanzen s'explique claire-ment ſur l'exiſtence des vents d'Oueſt & leur force.

M. l'Abbé Prevôt marque qu'il a tiré ce Voyage de celui de Wolphart

Harmanzen. La différence de citation de celui de M. l'Abbé Rochon, avec ce que nous avons trouvé, nous a engagé à lui demander de quel Auteur il avoit extrait ce qu'il rapporte d'Harmanzen ; il nous a dit que c'étoit du Recueil des Voyages pour servir à l'Etablissement de la Compagnie des Indes Hollandoise.

M. l'Abbé Rochon nous a cité sans détail un Alexio da Mota, qui est à la Bibliothéque de Sainte-Génevieve, & Linschoaten * ; mais comme leurs Ouvrages sont résumés dans le Roteiro de Portugal, nous remarquerons seulement que suivant même la Lettre de M. l'Abbé Rochon au Ministre, la Mousson du Ouest commenceroit aux cinq degrés Sud, qu'il y a des années où elle commence à la Ligne. Nous trouvons dans le Roteiro de Portugal, imprimé en 1699, page 352, ou dans le Livre intitulé *Architecture Navale*, par M. d'Assié, imprimé en 1677, dans le Routier des Indes Orientales & Occidentales qui y est joint, pages 68 & 69, « que les vents de ce parage jusqu'à la hauteur de cinq » degrés du côté du Sud sont favorables ; savoir, du Nord-Est & Nord- » Nord-Est ; delà en avant on trouve des vents de Ouest-Nord-Ouest, » & de Nord-Ouest quelquefois avec de grandes pluies ; & lorsque » vous trouverez ces vents, il faut gouverner depuis les quatre degrés » au Sud $\frac{1}{4}$ Ouest jusqu'à la hauteur de huit degrés ; & de cette hau- » teur, il faut gouverner au Sud $\frac{1}{4}$ Est, jusques par les 12 degrés. De » la hauteur de dix degrés Sud jusqu'à douze, on trouve des calmes ; » encore qu'il arrive parfois, & en quelques années, qu'il y a des vents » d'Ouest - Nord - Ouest & Nord - Ouest jusqu'à la hauteur de quinze » degrés ». D'où il nous paroît que ce Livre marque que la Mousson du Ouest commence par les quatre degrés, puisqu'il dit qu'on entre dans cette Mousson par les quatre degrés, & qu'ainsi son autorité ne combat pas d'une façon bien décisive les vents d'Ouest.

Enfin, M. Grenier en proposant le parallele des 5 degrés, le propose comme ayant été parcouru, tant par lui que par M. de Surville & M. Picaut, parce qu'en profitant des vents d'Ouest on a des vents favorables ; mais il ne dit pas, & on ne peut supposer qu'il ait dit qu'il n'est pas avantageux & utile de connoître les parages voisins : on doit regarder la route qu'il propose comme une façon de remplir l'objet qui lui étoit recommandé par ses Instructions. Il nous paroît qu'il a rempli cet objet important, en indiquant une route qu'on peut parcourir, où les vents de mousson regnent, que le tems perfectionnera, & qui est d'une si grande importance pour la conservation de nos établissemens.

Nous pensons qu'il est facile de gagner le parallele des 5 degrés ; &

---

* Voyez, *page* 48, l'Extrait des Voyageurs cités par M. l'Abbé Rochon, qui fera connoître tout au moins le peu d'exactitude qu'il y a mis.

la route pour y parvenir fera fort affurée, après qu'on aura déterminé &
reconnu les Bancs de Nazareth, ainfi que le propofe M. Grenier, d'autant que les Vents généraux regnent dans les parages de l'Ifle-de-France
jufqu'aux limites de la Mouffon, où les vents paffant au Oueft s'y ran-
gent communément par le Sud, & que les vents du Nord'Eft & du Nord
qui peuvent s'y rencontrer, ne font que des exceptions de peu de durée ;
qu'arrivé au parallele indiqué les vents de la Mouffon du Oueft vous
conduiront fur ce parallele, où les Cartes ne marquent point de dangers. Mais il fera fort utile d'envoyer deux Bâtimens qui, partant des
Ifles-Séchelles, vifitent ce parallele jufqu'aux 79 degrés de longitude,
& reviennent dans l'autre Mouffon en parcourant le parallele des 4 degrés, ce qu'on réitérera l'année fuivante ; enfin de s'affurer de la pofition des trois & des fept Freres, qui pourroient être des Ifles adjacentes aux Ifles-Séchelles. M. d'Après nous a paru du même avis.

*Je certifie que le préfent Rapport eft conforme à l'original & au jugement
de l'Académie. FAIT à Breft, ce premier Mai 1771.*

LE CH. DE GOIMPY,
Secrétaire de l'Acad. R. de Marine.

EXTRAIT
DES REGISTRES
DE L'ACADÉMIE ROYALE DES SCIENCES,
Du 6 Juillet 1771.

NOUS Commiffaires nommés par l'Académie , avons examiné plufieurs pieces adreffées à l'Académie par M. de Boynes , Secrétaire d'Etat, ayant le Département de la Marine. Ces Pieces font, 1°. Des Mémoires dans lefquels M. le Ch. Grenier , Officier des Vaiffeaux du Roi, propofe une nouvelle Route pour aller des Ifles de France & de Bourbon à la Côte de Coromandel & en Chine , bien plus directement qu'on n'a coutume de le faire ; 2°. Une Lettre de M. l'Abbé Rochon , à M. l'Abbé Terray , dans laquelle on effaye de démontrer que la Route propofée n'eft pas nouvelle, & , qu'après avoir été fuivie par les premiers Navigateurs , elle a été abandonnée comme impraticable ; les dangers & l'incertitude de cette Route font détaillés , & l'on tente de les démontrer par l'expérience & le témoignage des anciens Navigateurs ; 3°. Une réponfe de M. d'Après de Mannevillette , confulté par M. l'Abbé Terray, à la Lettre de M. l'Abbé Rochon ; 4°. Un jugement de l'Académie Royale de Marine , à laquelle cette caufe avoit été renvoyée : ce jugement eft accompagné d'une réponfe aux objections de M. l'Abbé Rochon, faite par les Commiffaires nommés par l'Académie de Marine , & qu'on peut regarder comme faifant partie du jugement de cette Académie. 5°. Une note de M. l'Abbé Rochon explicative de quelques articles de fa Lettre. 6°. Différens extraits de rélations d'anciens Navigateurs , cités par M. l'Abbé Rochon, lefdits Extraits recueillis dans la Bibliothéque de Sainte-Génevieve par M. Grenier, collationnés & certifiés véritables par le Bibliothéquaire de Sainte-Genevieve & par un de nous.

Sur le vu de toutes ces pieces, il paroît que la queftion fe réduit à trois chefs. On convient que la Route propofée par M. le Ch. Grenier eft plus courte de 320 lieues depuis Avril jufqu'en Octobre , & de 7 à 800 lieues depuis Octobre jufqu'en Avril , que celles qu'on a fuivies jufqu'à préfent : mais cette Route eft-elle nouvelle ? Les Vents permettent-ils de la pratiquer dans l'arriere faifon, c'eft-à-dire, depuis Octobre jufqu'en Avril ? N'eft-elle pas femée d'écueils qui la rendent trop dangereuse , sur-tout s'il s'agit d'y faire passer une Escadre ? C'est sur quoi Sa Majesté desire avoir le sentiment de l'Académie, quelque confiance qu'elle ait d'ailleurs dans les lumieres de son Académie de Marine , & dans celles du Sieur d'Après de Mannevillette qui ont déja décidé que cette Route étoit nouvelle, praticable & exempte de dangers.

Suivant la Route proposée par M. le Ch. Grenier , il faut , en partant de l'Isle-de-France , porter vers le Nord jusqu'au delà de la Ligne, depuis Avril jusqu'en Octobre ; jusqu'ux 5° de latitude Sud, depuis Octobre jusqu'en Avril. Dans le premier cas on rencontre l'ancienne Route , après avoir épargné 320 lieues qu'on parcouroit inutilement pour aller reconnoître le Cap d'Ambre en l'Isle de Madagascar. Dans le second cas on suit le parallele des 5° Sud à l'aide des vents d'Ouest , qui soufflent le plus fréquemment dans cette saison. M. l'Abbé Rochon prétend que dans l'arriere saison le vent soufflant le plus souvent du Nord-Est ne permet pas de s'élever directement au Nord. 2°. Que l'existence des Vents d'Ouest sous le cinquieme parallele Méridional n'est pas suffisamment constatée *. Nous ne nions pas que dans la saison dont il s'agit , & sur-tout dans les mois de Décembre, Janvier & Février , les vents du Sud-Sud-Est à l'Est-Sud-Est qui soufflent assez constamment tout le reste de l'année , ne souffrent quelques interruptions ; mais le vent le plus commun, même dans cette saison, est bien certainement celui du Sust-Est : nous croyons pouvoir l'assurer sur le témoignage de tous les Navigateurs , & de tous les Physiciens qui ont traité des Vents généraux & alisés. Lorsque le vent vient à souffler d'une autre partie du Compas , il passe quelquefois au Nord-Est

---

* La Mousson du Ouest, c'est-à-dire, du S. O. le vent ne vient au N. O. que par des grains & orages ».

* *Extrait du Mémoire sur les Observations qu'a fait M. l'Abbé Rochon , soit à terre , soit à la mer , pendant le cours de la Campagne qu'il a faite sur l'Heure-du-Berger , commandée par M. le Chev. Grenier , Enseigne des Vaisseaux du Roi. Lequel Mémoire a été lu à la quarante-cinquieme Séance, & enregistré.*

» On sait que dans le Sud de la Ligne, » depuis les 28° jusques par les 8° de latitude , les Vents regnent toute l'année » de la partie du S.E. Depuis les 8° jusqu'à la Ligne Equinoxiale , la Mousson » du S.E. se déclare en Avril , & continue » jusqu'en Octobre. La Mousson du S.O. » * lui succede , & finit lorsque celle du » S.E. recommence. Dans le Nord de la » Ligne c'est le contraire. La Mousson du » S.O. a lieu depuis le mois d'Avril jus-

» qu'à celui d'Octobre, & celle du Nord » est pendant les autres six mois ».

Je prie M. de Goimpy, Secrétaire de l'Académie , de vérifier cet Extrait sur l'original , & de vouloir bien le certifier. A Brest , ce 26 Avril 1771.

LE CH. GRENIER.

Je certifie que le présent Extrait est entiérement conforme au passage du Mémoire de M. l'Abbé Rochon. Lequel Mémoire , quoique non signé , a été lu à la quarante-cinquieme Séance. Ce 26 Avril 1770.

LE CH. DE GOIMPY.

Sur cet Extrait n'a-t-on pas lieu d'être étonné que M. l'Abbé Rochon ait nié ensuite l'existence des Vents d'Ouest au Sud de la Ligne.

& au Nord , mais il n'y reste pas long-temps ; il a bientôt tourné au Nord ou Est & à l'Ouest pour regagner le Sud-Est par le Sud. Ces vents de Nord-Est, & sur-tout de Nord & de Nord-Ouest occasionnent à l'Isle-de-France des tempêtes & des ouragans, mais les ouragans sont très-rares. Ces tempêtes ne sont pas ordinairement de longue durée, & d'ailleurs il paroît qu'à mesure qu'on s'éleve au Nord, ces tempêtes ne sont plus autre chose que des pluies abondantes qui rafraîchissent l'air , & le vent repasse par l'Ouest & le Sud à la région du Sud-Est. *De tout ceci il est facile de conclure que les Vents de Nord doivent moins nuire sur la route proposée par M. le Ch. Grenier, que les vents de la partie de l'Est sur la route ancienne, & pratiquée jusqu'à présent dans l'arriere saison.* Quant aux vents d'Ouest sur lesquels est fondée l'espérance du succès de la nouvelle route, *tous les Journaux, tant anciens que modernes, concourent à en établir irrévocablement l'existence dans l'arriere saison, depuis la ligne Équinoxiale jusques par 8° de latitude Sud & au-delà.* Aux témoignages décisifs, rapportés par l'Académie de Marine & par M. d'Après, on peut joindre, pour surcroît de preuves, la Carte du cours des Vents & des Moussons que le célebre Halley a publié dans les Transactions vers la fin du dernier Siecle. Cette Carte fut construite d'après un nombre presque infini de Journaux, qui attestent tous l'existence du vent d'Ouest dans ces parages : « J'ai fait, dit Halley, toutes les perquisitions possibles pour » être bien instruit , & il n'est sorte de soins que je ne me sois don- » nés pour surmonter les difficultés. C'est pourquoi l'on pourra regar- » der comme bien constatées les particularités suivantes, &c. » Une de ces particularités, la seconde, c'est que depuis le commencement de Décembre jusqu'en Mai les vents semblent fixés au Nord-Ouest, depuis 3° jusqu'aux 10° de latitude Sud sous le Méridien de la pointe Boréale de Madagascar ; & depuis 2° jusqu'aux 12° de semblable latitude dans le voisinage de Java & de Sumatra. Il paroît donc hors de doute que les vents ne peuvent nuire au succès de la nouvelle route proposée par M. le Ch. Grenier.

Quant aux écueils qui pourroient rendre cette route dangereuse, nous n'avons point de connoissance de leur existence. Il sera sans doute très-utile de déterminer la position des Bancs de Nazareth , sur-tout de leurs pointes instales, celles d'Agaléga & de Saint-Michel: peu de jours suffisent pour une telle expédition. Ces positions une fois bien connues, ainsi que celles des Isles Mahé, il sera facile de gagner le cinquieme parallele ; & s'entretenant toujours entre 4° 45' & 5° de latitude Sud, on ne courra risque de rencontrer aucun écueil. *Il paroît par les Journaux qu'il n'est aucune partie de ce parallele qui n'ait été reconnue, soit en allant dans l'Inde, soit en en revenant ; & il ne paroît pas que l'on y ait foupçonné l'ombre du moindre danger.* Au refte les premiers qui frayeront cette route dans toute fa longueur, feront très-fagement d'employer la fonde au moindre indice, & de ménager la voile durant la nuit dans les parties de la route dont ils fe croiront moins affurés, comme cela ne manque pas de fe pratiquer en pareilles circonftances.

Il nous refte à examiner fi la route propofée eft nouvelle. Nous ne connoiffons aucun Navigateur qui ait fuivi cette route dans toute fon étendue pour aller des Ifles de Bourbon & de France à la Côte de Coromandel, ou au delà. On cite envain les premiers Navigateurs ; il eft démontré que la route qu'ils fuivoient & qu'ils ont été obligés d'abandonner, étoit abfolument aifférente de celle-ci : Les uns gagnoient le Nord de la ligne dans une faifon où la Mouffon de l'Eft ne leur permettoit pas d'avancer ; les autres en plus grand nombre, en fuivant la route la plus direéte, traverfoient l'Archipel d'écueils qui eft au Nord-Eft de l'Ifle-de-France : te n'eft point du tout là la route que propofe M. Grenier.

Quant aux objeétions particulieres oppofées par M. l'Abbé Rochon, c'eft-à-dire, quant au motifs particuliers fur lefquels il fe fonde pour affurer que la route propofée par M. le Ch. Grenier n'eft point praticable, les bornes d'un rapport ne nous permettent pas de les apprécier en détail : d'ailleurs nous ne pourrions que répéter ce qui a été très-fagement répondu par MM. les Commiffaires de l'Académie Royale de Marine. La réponfe de M. d'Après jette beaucoup de lumiere fur cette queftion. Nous applaudiffons à fes conclufions, ainfi qu'au rapport très-ample & très-inftruétif des mêmes Commiffaires, confirmé par le jugement de l'Académie de Marine.

Nous concluons qu'il eft à defirer que la *Nouvelle route* propofée par M. le Ch. Grenier foit déformais pratiquée, & que l'on y fixe les points principaux du Sud des bancs de Nazareth, d'Agaléga, de Saint-Michel & des Ifles de Mahé, ce qui fe peut faire foit aftronomiquement, fi l'on a des obfervations fuffifantes, foit par les Journaux des Voyageurs ; & comparant les traverfées de ceux-ci avec leurs retours, pour en déduire la nature & la force des Courans que les Mouffons doivent changer & rendre quelquefois variables en ces parages ; foit enfin, ce qui fera beaucoup plus facile, par l'ufage des horloges marines, fi leur effet répond aux efpérances qu'on en a fi légitimement conçues. *Signés BORY, LE MONNIER & PINGRÉ.*

Je certifie le préfent Extrait conforme à fon Original & au Jugement de l'Académie. A Paris, ce 6 Juillet 1771.

GRANDJEAN DE FOUCHY,
Sec. perp. de l'Acad. R. des Sciences.

EXTRAIT * des Voyages de WALPHART-HARMANZEN.

Octobre. LE 20 il appareilla de l'Isle-Maurice. . . . Le 22 on ne put prendre hauteur ; on eut un vent d'E. $\frac{1}{4}$ S.E. bon frais, la course au N.E.

Le 24 le vent fut variable, & la course au Sud ; ensuite le vent se fit *Est*, & l'on courut la bande du Nord ; la nuit le vent se rangea au S.E. & l'on gouverna au N.N.E.

Le 25 on eut un vent de S.S.O. par la hauteur de quatorze degrés trente-deux minutes ; ensuite il se fit *Ouest*, la course fut E.N.E., & la mer haute.

Le 26 on trouva fond sur trente brasses ; on fut aussi pris de calme, & l'on ne fit que dériver pendant assez long-temps : après cela on eut un beau frais du N.E. & l'on courut au S.S.O. ; trois ou quatre *horloges* après on ne trouva plus fond.

L'Amiral fit alors le signal à tous les Capitaines & aux Pilotes de venir à son bord. Chacun ayant rapporté son estime, il y eut une différence de quarante lieues entre ceux dont l'estime étoit la plus basse, & céux dont elle étoit la plus haute. Sur quoi il fut ordonné de courir la bande du Sud, en attendant un vent plus favorable pour faire le tour du Banc par l'Est. Croyant, selon l'estime, que, depuis le 25 jusqu'au matin du 26, on avoit fait six lieues de chemin au N.E. $\frac{1}{4}$ N.

Comme on se trouva en ce tems proche d'un banc qu'on nomme de *Garressaus*, on amura les couets, & l'on courut au S.E. $\frac{1}{4}$ S. & au S.S.E. de sorte qu'on fit bien vingt lieues au S. $\frac{1}{4}$ S.E. selon l'estime, la variation rabattue.

Le 27 on eut un beau frais de l'Est par la hauteur de seize degrés, vingt minutes, & l'on courut sur le même Rumb.

Novembre. Le premier Novembre, on se trouva par les quinze degrés trente minutes de latitude Sud. Sur le midi on jetta la sonde, & il y eut cent trente brasses ; on porta le cap sur le Banc, & y ayant couru jusqu'au soir, on se trouva sur trente brasses de profondeur, ayant fait trois lieues de chemin, selon l'estime, depuis midi jusqu'à ce qu'on revirât.

On mit alors le cap au Sud, & sur les quatre heures du soir on trouva fond : c'étoit des coquilles blanches, du corail, & quelquefois des pierres.

---

* Cet extrait du recueil des Voyages de Walphart-Harmanzen, qui ont servi à l'Etablissement & aux progrès de la compagnie des Indes Orientales , est tiré *du tome V*, *page 378* de l'exemplaire qui est à la Bibliothéque de Sainte-Génevieve, *Edition en 5 volumes in-8°*, imprimée à Amsterdam en M. DCC. VI. aux dépens d'Etienne Roger.

pierres femblables à des pois. On porta toujours fur le même Rumb jufqu'au deux qu'on fit le S.O. $\frac{1}{4}$ S. &c.

Le 5 , étant par la hauteur de feize degrés cinquante minutes , l'Amiral fit affembler dès le matin les Capitaines & Pilotes à fon Bord ; & après avoir pris leurs avis , il ordonna qu'on prendroit fon cours au N. $\frac{1}{4}$ N.O. pour courir à *l'Oueft* des Bancs. Le vent étoit S.E. & bon frais.

Le 19, fur le foir, comme on étoit par la hauteur de foixante-dix degrés trente-trois minutes , on vit une Ifle qu'on ne connoiffoit pas , dont l'on étoit à la diftance de deux lieues. Selon la Bouffole , elle demeuroit N. $\frac{1}{4}$ N.O. aux vaiffeaux. Le terrein en étoit bas ; elle couroit *Eft* & *Oueft*. Les jours précédens , c'eft-à-dire , depuis le 9 du mois, on avoit toujours vu des raz-de-marée fi grands , qu'on croyoit que la mer brifoit contre quelques rochers. Le vent foufflant le plus fouvent de *l'Oueft* , quelques-uns crurent que cette Ifle étoit l'Ifle Saint-Roch.

Le 20 , on eut un vent d'*Oueft* , bon frais par les fept degrés , &c.

Le 23 , on fut de nouveau pris de calme par la hauteur de cinq degrés quatorze minutes.

Décembr. Le premier Décembre , on eut un bon frais d'O.N.O. , & l'on courut la bande de l'*Eft*. Le 4 , le vent força , & amena beaucoup de pluie. La courfe fut à l'E. $\frac{1}{4}$ S.E. &c. . . . . Ce vent venoit de l'*Oueft*.

Le 11 , on eut un vent de N.N.O. qui amena des grains par la hauteur de deux degrés quarante minutes.

Le 14 , on eut un bon frais de S.S.O. par la hauteur de trois degrés trente-huit minutes , & l'on courut toujours fur le même Rumb : mais on fe trouva plus au Sud qu'on n'avoit cru felon l'eftime.

Le 17 , le vent fouffla du O. & O.N.O. par la hauteur de trois degrés cinquante-quatre minutes , &c.

Le 19 , on eut bon frais de l'*Oueft* , & un tems pluvieux. La courfe fut à l'E. $\frac{1}{4}$ S.E. &c.

Le 21 , le vent fut variable. La courfe à l'E. $\frac{1}{4}$ S.E.

Le 22 , le vent fouffla prefque toujours de l'*Oueft* par la hauteur de cinq degrés trente minutes. La courfe fut à l'E. $\frac{1}{4}$ S.E. tirant un peu plus au S.E.

Le 23 , le vent fouffla du S.O. & amena de la pluie. On eut la vue de l'Ifle d'*Engano* , &c.

Tout l'Extrait ci-deffus fe trouve dans les mêmes termes, Tome III. Edition de Rouen en 1725 , page 347 & fuivantes du même ouvrage ; *laquelle édition en dix volumes in-12 eft auffi à Sainte-Génevieve.*

Signé, L'Abbé Mercier.

G

EXTRAIT * de l'hiſtoire de la Navigation de JEAN HUGUES DE LINSCHOT, Hollandois, aux Indes Orientales.

CHAP. VII. Pag. 13.

COURS de la Navigation de Cochin en Portugal, décrite par le Pilote VINCENTE RODRIGOS DE LAGOS.

LA Ville de Cochin gît à la hauteur de neuf degrés & trois quarts plutôt moins que plus. Faiſant route de là en portugal, on prendra la route du Oueſt, en tendant du côté du Nord juſqu'à ce qu'on ſoit à trente lieues de Cochin. Etant là, vous dreſſerez votre cours en telle ſorte que, quand vous paſſerez par les Iſles Maldives & Mamales, vous puiſſiez venir à la hauteur de huit & demi degrés, afin de ne rencontrer nulles Iſles ; combien que les Cartes marquent quelques Iſles ſur cette route, mais en effet il n'y en a point.

Ayant paſſé ces Iſles il eſt bon de prendre votre cours au S.O. juſqu'à la hauteur de quatre degrés, & de là au S.S.O. juſqu'à trois degrés du côté méridional de la Ligne. Depuis Cochin ſur ladite route juſqu'ici, le cadran décline au N.O. un *rin* & demi. Venant à trois degrés du côté méridional de la Ligne, vous commencerez à avoir des tonnerres de devers le *Oueſt* & *Nord-Oueſt* avec des forts vents. De là vous dreſſerez votre cours au Sud, & Sud tirant ſur le Oueſt juſqu'à dix ou douze degrés, auquel climat vous aurez des vents de *Sud-Eſt*.

---

* Cet extrait de l'hiſtoire de la navigation de Jean Hugues de Linſchot, Hollandois, aux Indes Orientales, eſt tiré de l'exemplaire in-folio, imprimé à Amſterdam chez Jean Evertſſcloppenburch, 1619, qui ſe trouve à la Bibliothéque de Sainte-Génevieve ; & dans lequel on a inſéré, à la ſuite du chapitre IX, le Grand Routier des Mers de l'Inde par le même Auteur, qui a pour titre *du Pays de Prete-Jan*, & imprimé la même année chez le même Imprimeur.

EXTRAIT d'une inſtruction des Vents pour la Route des Indes Orientales, inſéré dans le ſecond volume in-folio des Relations des divers Voyages curieux, &c. par M. MELCHISEDECH THEVENOT, imprimé à Paris avec privilege de Sa Majeſté, l'an M. DC. XCVI.

CHAPITRE PREMIER

Qui commence ainſi, page 1.

PREMIEREMENT.

ON n'a que trop connu par pluſieurs expériences qu'il eſt très-néceſ-ſaire que les Maîtres de Navire & Pilotes qui vont aux Indes, ou en retournent, au ſervice de la Compagnie Orientale privilégiée hollandoiſe, ſachent quels vents ſoufflent en ce paſſage. Ainſi l'on a con-clu & arrêté, pour les inſtruire, ce qui ſuit : à quoi leur eſt ordonné par cette inſtruction d'avoir égard, & de s'y conformer entiérement, &c.

Page 2. ART. XXIII.

Entre la Ligne Equinoxiale & les dix ou onze degrés de latitude méri-dionale, il vente de l'*Eſt* une partie de l'année, & de l'*Oueſt* l'autre partie. L'on fait état que la Mouſſon ou vent anniverſaire d'*Éſt* regne depuis Avril juſqu'en Novembre, & que celui d'*Oueſt* regne depuis Novembre juſqu'au mois d'Avril ; mais en Décembre & Janvier ſouffle le plus fort. Pour ce qui eſt du mois d'Avril & de Novembre, ils ſont comptés pour être des mois variables, & durant leſquels les vents ſont inconſtans, &c.

Les Extraits ci-deſſus des Navigations de Hugues Linſchot, du recueil de Melchiſedech Thevenot, & des Voyages qui ont ſervi à l'Etabliſſement de la Compagnie des Indes Orientales, *ſont conformes aux originaux imprimés, exiſtant dans la Bibliothéque de Sainte-Génevieve de Paris, avec leſquels je certifie avoir collationné exactement leſdits Extraits. Fait dans la Bibliothéque de Sainte-Génevieve le* 17 *Mai* 1771.

Signé, l'Abbé MERCIER.

Je certifie avoir confronté soigneusement, à leurs originaux, les Extraits du cinquieme volume des Voyages de la Compagnie des Indes Orientales, &c. *où est insérée la Relation du* Voyage de Walphart-Harmanzen, *des* Navigations de Hugues de Linschot, *à la suite desquelles est le* Grand Routier des Indes Orientales *du même Auteur, & d'une* Instruction sur les Vents pour la Route des Indes Orientales, *insérée au second volume du Recueil de Melchisedech Thevenot : j'ai lu tout ce qui précédoit & ce qui suivoit ; j'ai fait attention aux articles que M. le Ch. Grenier a ou omis ou abrégés, pour ne pas charger trop inutilement lesdits Extraits ; & je suis resté dans la persuasion que lesdits Extraits sont parfaitement conformes à leurs originaux, & qu'il n'a rien été omis, qui puisse altérer même foiblement les conséquences qui suivent naturellement de ces Extraits. Fait à la Bibliothéque de Sainte-Genevieve, le 18 Mai 1771.*

PINGRÉ, *de l'Académie des Sciences & de celle de Marine.*

F I N.

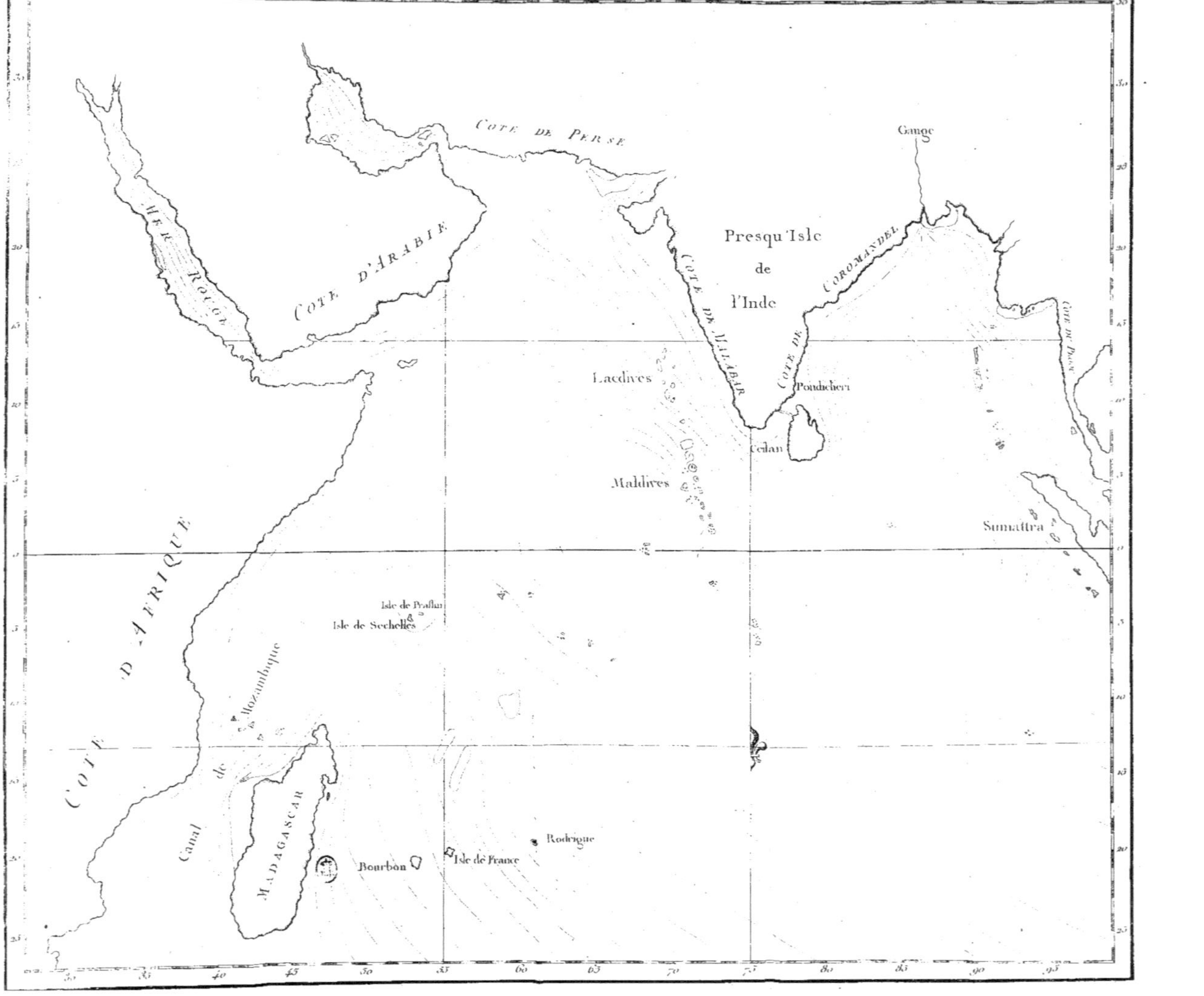

COTE DE PERSE
Gange
MER ROUGE
COTE D'ARABIE
Presqu'Isle
de
l'Inde
COTE DE COROMANDEL
COTE DE MALABAR
Lacdives
Pondicheri
Ceilan
Maldives
Sumatra
COTE D'AFRIQUE
Isle de Praslin
Isle de Sechelles
Canal de Mozambique
MADAGASCAR
Bourbon
Isle de France
Rodrigue
COTE DE PEGU

www.ingramcontent.com/pod-product-compliance
Lightning Source LLC
Chambersburg PA
CBHW061220030726

47595CB00004B/1323